100万円で家を買い、週3日働く

三浦展

光文社新書

目次

序　魔法の時代と「再・生活化」の時代

本書は、最近の若い世代の動向の中から、私が関心を持ったものを選んで取材したレポート集である。

私は2012年に『第四の消費　つながりを生み出す社会へ』を上梓し、数ヶ月で6刷とよく売れ、英訳、中国語訳もされた。同書は特に若い世代に共感と愛着を持って読んでもらったようで、学生時代に読んだが最近また読み返していますなどと言われることもたびたびあって、著者としては大変うれしい。本書で取り上げた人々も、その多くが『第四の消費』の読者である。

また、同書は単に理論的な本として読まれただけでなく、多くの若い世代が新しい行動に一歩踏み出す、あるいは行動を加速することに影響を与えたようだ。私としては彼らの行動を取材して、その背景を分析する本を書いたのだが、その本がまた彼らにフィードバックされて、さらに彼らの行動を促進し、拡大させるという循環が生まれたようなのである。その意味で本書は「第四の消費」の実例集とも言えるだろう。

そもそも「第四の消費」とは何かという点については、本来であれば「第一の消費」から「第四の消費」までの変遷を述べながら詳しく解説したいところだが、本書ではその余裕がないので、「第四の消費」の特徴だけを以下で簡単に説明する。

1．物の豊かさ志向から人間関係の豊かさ志向へ

物の豊かさから心の豊かさへという志向の変化は、内閣府「国民生活に関する世論調査」においても過去40年間の長期トレンドである。高度経済成長期であり、第二の消費社会である1970年代半ばまでは物の豊かさ志向が強かったが、その後の第三の消費社会を通じて心の豊かさ志向が物の豊かさ志向を上回り、強まり続けた。

第四の消費社会である現在は、消費や生活を通じて心の豊かさを求めることは当然の大前提となっており、具体的にはいかに豊かな人間関係を築くかが重視される。

2. 私有志向からシェア志向へ

物の豊かさ志向の縮小は、生活の中から不要な物を減らすという志向となって現れる。一家に一台テレビやクルマを私有しようとした第二の消費社会から、家族それぞれが自分専用のクルマ、テレビ、ステレオなどを私有し、一人一台の時代になった第三の消費社会を経て、第四の消費社会になると、人々は特に必要のない物は私有せずにレンタルで済ませたり、シェアをしたりするようになった。カーシェアリング、シェアハウスなどがその典型である。

またシェアには、核家族や会社の中での閉鎖した人間関係を解体し、家族や会社の外側へ個人を解放していくことで、地域社会の中で個人個人が自分の持つスキルをお互いに提供し合って生活の質を高めようという意味もあり、特に本書にはそうしたシェアの事例が多い。

3. ゴージャス・ブランド志向からシンプル・ナチュラル・手作り志向へ

円高、株高、土地高の進行により経済的にピークに達した第三の消費社会においては、海外高級ブランドのファッションやクルマを買うことが日常化し、華美な消費行動が盛んになった。

しかしバブルが崩壊すると次第に人々の生活はシンプル志向になり、エコロジー意識の高まりもあって、人工的な物、ケミカルな物、大量生産品よりも、ナチュラルな物、作り手の顔の見える手作りの物を志向する人が増えていった。

そもそも第三の消費社会のまっただ中においても、すでに無印良品のようなノーブランドでシンプルでエコでナチュラル志向の商品が登場し、ひたひたと人気を拡大し続けた。それは、不要な物をイメージ広告で売りつける第三の消費社会の虚偽性に対する批判意識がすでに台頭しており、第四の消費社会を準備していたということである。

4．欧米・都会志向から日本・地方志向へ

高級ブランド志向からの離脱は欧米志向を弱めた。明治以来の日本において生活を近代化することは生活を欧米化することであり、欧米の物を生活に取り入れることであり、いち早く欧米の文物が輸入される都会が人々の憧れだった。

しかし第三の消費社会において生活の欧米化はほぼ頂点に達し、第四の消費社会になるとむしろ日本の伝統を見直す気運が広がり、京都人気が高まった。さらに欧米の文物が輸入される都会よりも、古い日本の生活が残っている地方への関心が高まることにもなった。

それは言い換えると、経済・文化のグローバリズムに対する「小さな経済圏・文化圏」の

創出を意味する。しかし小さな経済圏は、グローバルなそれと対立するのではなく、共生するのである。

再・生活化

大体こうしたことが第四の消費の特徴である。あらためてこれらの特徴をよく見ると、そして本書が紹介する事例を見ると、私はそこに**「再・生活化」**という共通の軸があるのではないかと思う。

「再・生活化」とは、高度経済成長期以前の日本人の一般的な暮らし、生活を、もう一度見直し、再評価し、部分的にであってもそれを現代の生活に取り入れようとする動きである。

具体的に言えば、工業製品をたくさん私有する現代の消費生活ではなく、あるいは食品ですら加工食品が主流となり、野菜や果物も工業製品のように生産される現代に対して、少しでも自ら食べ物をつくる側に回りたいという意識が高まり、実際に、少しであっても農業をする人が増えたり、味噌づくりワークショップに参加する人、梅干しや梅酒をつくる人などが増えたりしている（節見出しの通し番号〈以下同〉1－2、1－3、1－4、1－6）。

また、そのような生活行動は、核家族の中でだけ生活が完結していた第三の消費社会までとは異なり、家族という垣根を越えて人々をつなげる方向に向かわせる。家族以外の人たちと一緒に家事をし、結婚・出産してもシェアハウスに住み続けるという人々が現れ始めた（1－2、1－4、1－6、1－7）。

こうした生活は、日本人の大半が第一次産業従事者だった1950年代までは（ほんの60年ほど前！）、単なる日常である。

だが、そうした日常からあまりにも遠く離れたところに来てしまった現代生活の中で、特にバーチャル化、デジタル化が急速に進んで生身の人間らしさが日常から奪われていくことに対して、これでいいのかと疑問を感じる人々も増えてきたのであろう。

「人間の居る場所」を探す

また3・11後の原発事故によって、大事なことを知らされないまま生活と命を他人任せにしている自分たちの生き方に疑問を感じたことが、自分の生活が具体的にどこでどうして成り立っているかを自分の手中に収めて知りたいという意識を芽生えさせていることも、多くの人々の言葉から感じられた（特に1－2、1－5）。その意識も「再・生活化」という行動を促進している。

バーチャル化もデジタル化も原子力も現代文明が生み出した**「魔法」**である。その魔法によって、われわれは60年ほど前にはまったく想像もしなかった暮らしを、今している。ほとんどドラえもんの道具のように、何でも可能だ。

だが、ドラえもんがポケットから取り出す道具が実に素朴でアナログな形をしているのとは異なり、現代の道具はスマホの画面を指でなでるだけである。本当に魔法のように実在感がない。

そして何より、一般人は魔法を理解できない。種も仕掛けもあるはずだが、一部の魔法使いだけがそれを知っている。そういうリアリティのない時代にわれわれは生きている。

だからこそ、今ほどリアリティを求めたくなる時代はないのだ。魔法ではなく生活が欲しくなる。生き物として生きている実感が欲しくなる。ひとつひとつの行動がすべてリアルな生活。リアルなものをつくり、リアルな行動で成り立つ生活。「昭和」や「エロス」や「夜」に心惹かれるのも、そこに濃密なリアリティがあるからだ。

こうして本になり、これらの事例を改めて並べてみると、本書は建築家クリストファー・アレグザンダーの主著『パタン・ランゲージ』にも似た本になっているかもしれないとも思う。つまり本書は、「人間の居る場所」づくりを模索する人々の活動事例集であり、その意味では拙著『人間の居る場所』の続編とも言えよう。

しかしながら、本書で紹介する事例は、それらの活動のほんの一部である。まだまだ取材したい事例はあったし、私が気づいていないが素晴らしい事例はたくさんあるはずだ。また、紹介した事例も、どんどん現在進行形で進化しているので、十分にフォローし切れていないのが残念だが、今後もできるだけ取材を続けていきたい。

第1章　生活実験

1－1　家賃月1万円で離島で豊かに暮らすシングルマザー（長崎県五島）

#シングルマザー　#移住　#リノベ　#離島　#民泊　#消費まみれの生き方に違和感

女王様との出会い

私は2014年に地方の取材をしばしば行った。その一環として一般家庭に民泊もしたが、最初は千葉県に住む知人の宮城県石巻市の実家だった。本当の実家は3・11の津波で流されており、泊まったのは別の地域の高台に移住したものであり、知人の両親が住む小さな家であった。

2番目は長崎県・五島列島の福江島の、あるシングルマザーの自宅である。と書くと、なんだか怪しい雰囲気だが、このシングルマザー、芳澤瞳さんは、マザーになる以前から「リノベの女王」と言われてリノベーション業界では有名な女性だった。

彼女と出会ったのは2012年、私の『第四の消費』を読んだ彼女が、ぜひ博多の冷泉荘《れいぜい》で講演をしてほしいとツイッターで申し込んできた（当時彼女は福岡市内に住んでいた）。だが費用が少ないので、ついでに小倉の北九州家守舎《やもりしや》でも講演してほしいという、得なのか損なのかわからないご依頼だった。

だが、リノベの女王様にも謁見したかったし、小倉のほうでは、今や有名になったリノベーションスクールの建築家・嶋田洋平くんにも会いたい、また博多の古いビルをリノベーションして文化拠点にしたという冷泉荘も見たい、ということで福岡に向かったのだった。

シングルマザーとして離島に移住

その講演後、彼女が無事子供を産み、五島列島に移住するという情報が流れてきた。その後の詳しい経緯は省くが、結局彼女は、五島の中心地である福江島の古民家を月1万円で借り、子供と2人で住み始めた。

古民家をリノベした自宅

住む家を必ず自分でリノベーションするのが女王のやり方で、当然この古民家もリノベし、かつ、訪ねてきた人はそこに泊める、という活動を始めた（その際、彼女と子供は同じ福江島のおばあちゃんの家に泊まる）。

シングルマザーと移住という2つだけでもかなり話題性があるが、そこに古民家リノベーションと民泊が加わったわけで、これは取材しないわけにはいかないと2014年に伺ったのである。

40㎡ほどの古民家は県道に面しているが、広い庭があるので、家と道路の距離は20mくらい離れている。安い家賃で借りた代わりに、家に不具合が発生したときは自分で直すという条件だそうだが、そのほうが女王には願ったりかなったりだ。

部屋の中は、東京のカフェのように変貌していた。1室は和室を洋室に変え、LDKになっていた。しゃれた食器、調理器具、ワイン、スパイスなどが揃ったキッチンは、港区の暮らしかしらと思えるほど最先端だった。何でもネットで買えるから、ということだった。

LPプレイヤー付きのステレオは、バング&オルフセン。1960年代のものと思われ、ミッドセンチュリーモダンのデザインが胸キュンであり、音も良い。ついつい私はテンションが上がり、帰京後彼女に、私の所蔵するLPやCDから、彼女に相応しいものをプレゼントした。

ちなみに彼女の年収は放射線技師として年の3分の1だけ働き1500万円。残りの3分の2はリノベ活動や息子とのゆるい島ぐらしを満喫しているという。毎月4万円のひとり親手当をすべて貯金して、不動産購入・リノベ資金に充《あ》てている。

五島に普通のホテルしかなかったら来なかった

私はこの家に2泊した。彼女には、とっても透明で美しい海や、誰もいない浜辺や、鬼岳《おんだけ》

美しい五島の自然と芳澤さん

「jasmine」のベッド　© Hitomi Yoshizawa

という山に案内してもらい、船で世界遺産の教会のある島まで往復し、夕方温泉に入り、やはり東京から移住した夫婦が経営する、とてもおいしいレストランで夕食をとった。五島ってこんなにいいところなんだ！　感動した。

もし、五島に普通のホテルしかなかったら、いや、ちょっと豪華なリゾートホテルがあったとしても、私は五島に行くことはなかっただろう。そして五島の魅力を知ることもなく終わったはずだ。移住者が多いから、古民家リノベーションだから、民泊だから、五島を訪ねたのだ。そういう意味で、古民家リノベーションや民泊には観光客誘致の効果もあるのだ。

芳澤さんはその後も新しい家をつくっている。名前は「ヒトミシリビル」。

２０１７年1月に、島の中心部のアーケード街近くに2階建ての空きビルを土地代だけで２７０万円で購入。日本政策金融公庫から３５０万円を借り入れ、母から２００万円を借金、自己資金１００万円。リノベには３５０万円をかけた。２階部分を３ヶ月かけて半セルフリノベで住居に転用。５歳の息子が小学校に上がるタイミングで（小学校までが遠いので）先の古民家からこの「ヒトミシリビル」へ引っ越す予定だ。

それまでは外部事業者に1棟丸ごと賃貸し、共同で事業運営を行っている。２階を宿、１階は人が集う場とし、ヒトミシリビルを五島の新しいメディアとして運用する。

宿の名前は「jasmine（ジャスミン）」。2017年7月にオープンした。1階の端っこでは、「金木犀」という小さな飲食店を同年9月にオープンした。

このビルを買ったのには、次のような理由があった。

前述の古民家で、簡易宿泊業の許可を取らずに民泊運営をしていたところ、保健所の人がある日やって来て摘発され、始末書を書かされた。他者を自宅に泊めて「暮らすように旅をする」感覚を旅行者に提供し、五島の魅力を伝えるチャンスを奪われたので腹が立ったのだ。「そもそも島に泊まりたくなる宿がないから私の自宅が人気になっただけ。私を規制する前に、既存の旅館を守る前に、魅力ある宿と食にもっと努力するべきでは？」と思ったそうだ。

消費まみれの生き方に違和感

彼女は2017年9月、さらにもうひとつ物件を購入した。

理由は、「萌え萌えのフラットハウスを発見したが、解体され駐車場として売りに出る寸前だったため、レスキューしたかった」から。

こちらは、築52年・建物面積38㎡・敷地面積87㎡。土地代込みで１２０万円。ちなみに購入費用は、国から支給されるひとり親手当を息子の貯蓄として貯めていたら１５０万円近くになったので、そこから捻出。

「ヒトミシリハウス」と名付けられ、いずれは息子にプレゼント予定。

先の「ヒトミシリビル」のお宿が、２０１８年9月時点で「福江島で予約が取りにくい人気ナンバーワンの宿」という優良物件に成長したため、宿をクローズして「小学校入学と同時に入居する」のはもったいないということになり、この「ヒトミシリハウス」は彼女と息子が暮らすための家として10月にリノベ予定だという。両物件ともに小学校から徒歩7分の福江島中心部にある。

「年収１５０万なのに、ビルと家の2つの不動産を購入できたのは、田舎に暮らしていたから。田舎とはいえ人口規模の大きいところなら、コミュニティにさほど縛られず、ある程度の匿名性の中でのんびりスローライフを送ることができます。都会での消費まみれの生き方に違和感がある人は、早く田舎に逃げてくれたらいいのにと思います。田舎は意外と仕事にあふれてますし。移住者がどんどん増えているので、カフェやバーやイベントスペースもたくさんありますよ。人口3万7000人の福江島の時給は800円以上。都会で疲れているシングルマザーが、どんどんこの島に流入してくればいいのにと思っています。」

そして、過去に2度も保健所に呼び出され始末書を書いた彼女は、今では地元小学校・高校の総合学習の講師に招かれたり、NPO五島列島デザイン会議理事・五島市景観審議会委員・長崎県景観形成審議会委員に任命されたり、長崎県や五島市とともに「移住者向けの民間空き家活用促進」のための協議会発足の活動をしたりしている。

「極力働かないように、ストレスを溜めないように、のんびり島暮らしをするように心がけて……。そういう暮らし方やリノベのことをフェイスブックに上げていたら、市役所や学校関係者から注目されるようになってしまいました。」

ところで、「ヒトミシリビル」の1階は今どうなっているのか聞いたところ、「1階の端っこでやっていた金木犀は人気店になったため港近くに移転。活用アイデアに1年間も頭を悩ませていた1階のメインフロアの方は、2階の宿部分が高利回りになったため、テナント収益を考えなくてもよくなりました。なので、できるだけハードルを下げて、色んな人たちが商売や起業にチャレンジできる場にしようと決めたところです。」

芳澤さんのフェイスブック上の声かけに賛同した子育て中のママたちが動き出し、現在は、月・火・水はチャイとグラノーラのカフェ、木曜日はハーブティーとアロマオイルのサロンになっている。土日は募集中とのこと。また17～20時は無料で1階を解放し、誰かが夕飯をつくってみんなで食べる場にしたりと試行錯誤中だ。

また、芳澤さんは不定期に「よろず屋相談所」を設け、「空き家探し・リノベ・働き先がない・働き手がいない」などの各種相談に応じている。行政だけに全部を任せていては、価値観が大きく転換している今の社会をより良いものにするのは不可能だと感じているらしい。

「一人空き家バンク・一人ハローワーク状態です。きっとこれも厳密には法に触れるので、また始末書問題が起きそうですね。」

1−2　狩猟採集で毎月の食費1500円で暮らす（福岡県糸島）

#3・11　#田植え　#イノシシ　#もらう　#物々交換　#6万円のクルマ　#自分の知らないところでモノがつくられる不安

現代のもののけ姫

2012年の芳澤瞳さん主催の講演会で出会ったのが畠山千春さんだ。『第四の消費』の話を聴いて、これだーっと思ってくれたらしいが、一体どのへんにピンと来てくれたのかは、私にもよくわからない。とにかく、その時点では福岡に移住してシェアハウスに住む、狩猟をするということは聞いていて、シェアハウスはともかく、狩猟をして暮らすとは、とびっくりした記憶がある。

4年後の秋、「高齢化社会に求められるシェア的暮らし」といったテーマの講演のために博多に行くと、畠山さんと再会した。彼女も講師の一人だったのだ。すでに彼女は「狩猟女子」として有名になっていた。本も出していた。

狩猟は、秋冬になると、山に入り、イノシシを狩り、自分で解体して、肉を食べる。ニワトリを飼って、それを絞めて食べることもあるそうだ。モグラも食べたことがあるが、柔らかくて美味いという。彼女のバッグも靴もイノシシの毛皮でできていた。まるでもののけ姫、いや縄文時代。すごいことになっているなと思った。即座に近々取材に行くからと約束を取り付け、２０１７年６月に福岡に向かった。

生活実験家

だが畠山さんは、狩猟女子としての側面だけを注目されるのは不本意だという。

「私は生活実験家なんです。」

という。

彼女は、福岡県の西の端、糸島の山間部に古民家を借り、リノベーションしてシェアハウス（名称は「いとしまシェアハウス」）にした。夫と２人で管理人をし、シェアメイト６人

「いとしまシェアハウス」外観

とともに暮らしている。庭には池があり、風流だ。

私はそのシェアハウスの2階に2泊した。シェアメイトは自分でそれぞれ朝食をつくる仕組みらしいが、私の分は畠山さんがつくってくれた。夕食はシェアメイトが全員揃って食べるらしく、2泊目の夕食はイノシシの肉が出た。私は市場で買ったカレイの煮付けをつくった。

物を買わずにどこまで生活できるか

春夏は狩猟はせず、借りた田んぼで米をつくる。田んぼの作業はみんなで午前中の空いた時間にする（口絵2ページ上）。野菜は農家から安く買う。あるいは以前シェアハウスに同居していた男性が、独立して農家になったので、そこからも買う。

野菜はほんとに安い！　ロードサイドの直売所にも行ってみたが、キュウリが10本で100円くらい。

それから、農家から梅とびわの木を借りて収穫する。収穫したものはパッケージして友人、知人に通信販売する。

梅酒をつくり、びわの葉やドクダミをお茶にする。ステレオはもらったもの

もちろん自分たちでも梅酒にしたり、びわの葉をお茶にしたりする。庭のドクダミもお茶にしたり、薬として使う。塩は海水を蒸留したもの。味噌も自分でつくる。体調が悪いときは医者に行かず、薬も飲まず、整体で治す。シェアハウスに整体師の男性が住んでいるのだ。

魚はまだ自分たちでは捕らないし、外で買ってシェアハウスで食べることもあまりない。だが今後は漁もできるようにしたいと夫のコウイチさんは言う。

コウイチさんは東京の世田谷でエスニックレストランのシェフをしていた。畠山さんと東京で知り合い、意気投合し、一緒に糸島に移住したのだ。今の仕事は、韓国の伝統的な床暖房であるオンドルを日本の住宅に広めること。受注し施工する。いとしまシェアハウスもすでにオンドル工事済みだ。その他にも料理のケータリングをし、冬は酒蔵の蔵人もしている。

物はもらう

いとしまシェアハウスにテレビはない。ステレオは近所の農家からもらった。家具も全部もらい物。クルマがないと暮らせない地域なので、一人一台クルマを持っているが、大体もらい物か、非常に安く中古で買ったものだ。畠山さんの車はコウイチさんと一緒に6万円で友人から買った。

畠山さんのスマホも中古。イノシシの肉と交換して手に入れたこともあるという。お風呂はあるが、クルマでロードサイドの温泉に行くことも多い。海に夕陽が沈むのを見ながらお湯につかり、上がると、海でとれた魚を食べる。暮らし全体が、自然と地域住民とシェアメイトたちとでシェアしあう形になっている。

こういう暮らし方なので、シェアハウスでの月の食費は一人当たり1５００〜３０００円。その他、ガス、電気、電話、インターネットなど含めて７０００〜８０００円。

「もちろん仕事で外に行ったときの外食費は別です。借りている古民家の家賃は５万円ですが、シェアメイトが一人当たり２万〜３万円負担。余った分をシェアハウスの管理費、改修費、農機具の整備や修理費、将来の修繕積立金などに充てています。」

今後の目標はシェアハウスとしての収入を増やして、シェアメイトの家賃負担を減らすこと。そのためにシェアハウスでイベントをしたり、２階を企業の研修のための宿泊所として貸したりする。今後も新しいビジネスを考えるのがシェアハウス管理人の仕事のひとつだという。

自分のわからないところで食べ物がつくられる不安

畠山さんは埼玉県の郊外のマンション育ち。大学は環境系、最初の仕事も環境系のメディアだった。だが何と言っても、２０１１年の３・11の大震災で価値観が変わったという。

「自分のわからないところで食べ物がつくられることに疑問を持ったんです。」

　それがこういう、いわば自給自足の暮らしを始めたきっかけだ。

「別に苦労してこういう暮らしをしているつもりは全然ないんです。自分が納得できて楽しい暮らしをどうやったら実現できるか、一種の生活実験をしているんです。どこまで自分でできるのか、試したい。」

　たしかに、民泊と言ってもホテルの代わりに民家に安く泊まるだけではつまらない。いとしまシェアハウスのようなところに泊まるのは、宿泊することで、自分の生活を見直すきっかけにもなるという点が面白い。私は田植えや梅やびわの収穫を手伝っただけで、狩猟はしなかったが、彼女と一緒に狩りに行ったり、一緒にニワトリをさばくこともできるのだ。

１－３　１００万円で東京郊外に家を買い、週３日働く（神奈川県横須賀市）

＃空き家　＃リノベ　＃ゲストハウス　＃軽トラ　＃バス　＃カフェ　＃移住

シェアハウスを自分でつくり経営

立花佳奈子さんは2年前に家を買った。東京郊外、横須賀市の山の上にある築70年ほどの家である。広さは１００㎡ほど。４部屋とキッチン。値段は１００万円だった。

立花さんは、飲食店やシェアハウスを経営するリノベーション会社に勤務して8年になる。２０１７年まで、その会社がつくった横浜の山のほうにあるカフェで働いていた。

そのカフェに週３日だけ勤務している。残りの４日を横須賀の家で過ごしている。駅から徒歩15分。坂道を上り、最後にたくさん階段を上る。１４０段くらい。

横須賀の山の上にある 100 万円の家

家は廃屋同然だったが、買ってから1年かけて、自力でリノベーションしてきた結果、17年の夏前にはなんとか住めるようになった。

立花さんは、もともと地方出身で横浜の大学で学び、卒業後は空間デザインの会社で寝る間も惜しんで働いた。

土日もほとんど働くハードな毎日だったので、休暇は長く取って海外に旅行した。学生時代から旅が好きだった。ローカルな人の暮らしを垣間見るような旅を楽しんでいたという。海外経験で、ゲストハウスに目覚めた。日本にも同じようなものをつくりたいと思った。

そこでまず南千住のゲストハウスに住んだ。そこは当時ゲストハウスと呼ばれていたが、今で言うシェアハウスだった。そこでシェア生活の楽しさを知り、個人的な事業として新しいシェアハウスを浅草で企画・設計・運営することにした。

南千住のシェアハウスを設計・施工・運営している会社の社長さんからは、アドバイスしてもらったり、施工の仕方を教えてもらったり、自分で施工できない部分は会社として工事を請けてもらった。もともと所属していた会社には、見本市のブースなどをつくる仕事があり、そこで大工さんの仕事を見ているうちに、見よう見まねで自分でも簡単な工事ができるようになっていたのだった。

結局、そのシェアハウスがきっかけで社長さんの会社に誘ってもらい、転職した。

「前からインテリアは好きでした。中学時代に好きなように部屋を改装して親に怒られたこともあります（笑）。」

過ごすことを楽しむ家にしたい

２０１７年7月、私は彼女の家を訪ねた。リノベーションした部屋を見せてもらうと、多くの物が横浜市内の住宅の解体現場などからもらってきた木材や家具で構成されている。ハシゴを棚にしたり、創意工夫があふれている。ステレオももらったもの。テレビはない。お風呂だけは西洋風の猫足のバスタブを置いた。

横浜にはけっこういい家具や部材が出るという。たまたま通りかかった解体現場でいい物が見つかると、工事をしている人に頼んで、とっておいてもらい、あとから軽トラで引き取りに行く。そうやって集めたお宝が立花さんの部屋をつくり出している。家には古いオーディオが置かれた書斎のような部屋がある。

拾ってきた物も多い部屋の中

窓の外にはウッドデッキをつくった。そこにハンモックを吊し、犬を抱きながら山を見て、お酒を飲んでいるときが楽しいという（口絵3ページ）。

ところで気になるお値段は？　というと、お小遣いの範囲でできるリノベーションという感じだという。誰でも毎月趣味に使うお金をリノベーションに使っていると思えばいいらしい。

「この家は、過ごすことを楽しむ場所にしたい。友人を呼んだり、料理や音楽などのイベントをしたり、みんなで楽しみたい」という。会社に頼んで週６日勤務を３日に減らしてもらったのも、そのためだ。せっかく自分でつくった家なのだから、できるだけたくさんの楽しい時間をそこで過ごしたいと思うのは当然だ。

だが、サラリーマンにとって家は寝るだけの場になりがちだ。だから会社の近くのマンションに高い家賃やローンを払って住む人が今は多い。

しかし家を「過ごす場所」にしたいと思えば、もっと別のやり方もあるはずだ。１００万円で買った古民家を自分の好きなようにリノベーションして、一人でゆったりする、あるいは友人と過ごすために週３日勤務という暮らしを手に入れた立花さんのような家との関わり方は、とっても素敵ではないか。

立花さんと夫のヒロキさん

軽トラックで新婚旅行

その後、立花さんは結婚した。お相手は、那須で電気やお金に依存せず自給的に自立し、月3万円以上は稼がないスモールビジネス（月3万円ビジネス）をいくつか行うことで最低限の収入を得る生き方を提唱する藤村靖之さんの主宰するテーマパーク、非電化工房(*)の見学会で知り合ったヒロキさんだ。今は横須賀の家に一緒に住む。ヒロキさんは大学院を出てから、藤村さんの工房に1年間住み込みで生活の方法を学んでいた。

新婚旅行は、ヒロキさんの軽トラックで、

閑なときに全国を回っている。北海道、飛騨、愛媛や香川、大分、山口、沼津など何ヶ所も訪れた。軽トラックは、ヒロキさんがずっと飼っている犬の顔のデザインを施したキャンピングカー仕様の箱が載せてあり、中で寝泊まりができるようになっている。

その愛犬は、体の模様が牛のような白黒模様なので、名前を「うしいろ」という。だから軽トラックにはushiiro cafeと書いてあり、旅先で仲良くなった人たちにたまにコーヒーをふるまう。

新婚旅行で沼津を訪れたのは理由がある。今度は沼津に移住するかもしれないのだ。なぜかというと、立花さんが横浜港の倉庫街で見つけた古いバスのためだ。

70歳くらいの男性が昔からそのバスを使ってバーを開いていた。だが、港ではもうバーをやめることにしたので、バスも廃車にする予定だった。しかしあまりにも、バスの古びた雰囲気が〝ヤバい〟。どうしてもバスを残したいと立花さんは思った。

残すのはいいけど置く場所がない。友人のつてやSNSで置く場所を探した。すると、沼津市の知人に紹介してもらった場所に置けるかもしれないとわかった。だが、その場所にはやはり置けないことになり、さらに置き場所を探すと、海沿いの海の家の隣に置けることになった。湾の向こうに富士山がどーんと見える絶景の地だった。バスはそもそも遠州バスの車両だったから、静岡県に何十年ぶりかの里帰りということにもなる。

移動費用はクラウドファンディングで資金を募り、予算額が集まった。バスは手直ししてカフェのような人が集まれる場所にする。海の家も10年契約で借りて、リノベして2人で住む。

＊　発明家の藤村靖之（大阪大学大学院基礎工学科修了。工学博士）による電気を使わない生活のための技術開発をする工房。省エネルギー、「使う楽しさ」の観点から電化製品の非効率性を説き、電力を使用しない家庭用機器を発明・設計する。岡山県津山や長野県駒ヶ根に「非電化住宅」を建設したり、九州の修道院に「非電化野菜貯蔵庫」を設置した。
また、藤村がかねてより提唱してきた「真の豊かさを実現するための仕事の在り方」のメソッドを「月3万円ビジネス」としてルール化し、著書で紹介。

東日本大震災後は、行政に頼らず市民の力で放射線被害から身を守るため、地域住民とともに安全で安心な暮らしができることを目的として、２０１１年5月より講習会や放射線計測、除染研究などを実施する市民団体「那須を希望の砦にしようプロジェクト」に参画。２０１２年に「那須希望の砦」としてＮＰＯ法人化、藤村が理事長に就任した。

今は月数日働くだけ

では、せっかくつくった横須賀の家はどうなるのか。２０１８年7月に再び訪れた。前年取材したときから比べると、家はほぼリノベーションが完成し、３ＤＫというか２ＬＤＫというか、とにかく広々とした、いい感じの家になっていた。テラスからは山が見え、風が心地よい。畑にはトマトやピーマンがなり、すっかり生活が落ち着いてきているように見える。

ところが、なんとこの家には今、立花さん夫婦以外にすでに2人の住人がいる。立花さんが管理するシェアハウスに住んでいた友人と、同じカフェの店員だった友人である。

どうも立花さんは私有意識が弱いようだ。古い家を買って自分好みにリノベしても、それを自分だけの空間にしない。むしろこの家がいいねと言ってくれる人とシェアしてしまう。

シェアハウスを自分でつくって貸しているのだから当然と言えば当然なのだが、まだまだ私有の豊かさの呪縛から逃れられない私からは想像が付かない行動だ。とにかく立花さん夫婦がいなくても、２人の友人が住み続ける。その２人が転居しても、きっとまた誰かが住む

この古いバスと富士山を望む風景が立花さんの新しい拠点　© Kanako Tachibana

だろう。

こういうわけで、立花さんは今、勤める会社が経営するシェアハウスの管理のために月に数日程度働くだけである。だから週3日働いていたときより収入は半減した。あとは自分が浅草で経営するシェアハウスからの収入があるが、これも定期借家契約で借りた家をシェアハウスにしたので、いずれ賃貸期間が終わる。

なので今後は、沼津のバスと海の家のリノベが当面の仕事になる。沼津を新たな拠点にして人を呼び、人脈を広げ、各地に楽しい場所を増やしていくのかもしれない。

1－4　夫婦2組、赤ちゃんも一緒にシェアハウスに暮らす平成世代（東京都三鷹市）

#家賃とスキルを交換する　#実家とつながる　#血のつながらない大人と暮らす子供　#働く姿が見える　#実験　#きょうだいみたい　#子供も一緒　#小さな経済圏

アルバイトへの疑問からシェアハウスを始めた

瀬川翠さんは平成元年生まれの建築家。まだ大学院の博士課程に在籍もしている。シェアハウスを自ら運営しており、そこでの活動が近年注目されている女性だ。

最近3棟目となるシェアハウス「井の頭アンモナイツ」を三鷹の住宅地に新設した。緑が多く、静かな場所だ。家の脇に遊歩道があり、散歩にも最適。

家は中古で購入した。天井が高く開放的。窓からの眺めも良い。インテリアはナチュラル。裸足で暮らしている。つるつるに塗ってあった床は塗料を削って無垢《むく》の木肌を出したから、肌触りが良い。

分厚い原木のテーブルはもらったもの。部屋のどこにも、どこかの店で売っているような物がない。なんだか居心地が良すぎてインタビューを忘れそうになった。

瀬川さんは、２００７年、高校３年生のときに、親戚のおじさんから武蔵野市の武蔵境駅に近い家を相続することになり、そこで一人暮らしを始めた。

高校時代からロックバンドをやっていたので、その家でバンド仲間が集まって騒いだりしていたが、大学４年の終わり頃から友人が住み始め、シェアハウスのようになっていったという。

２０１２年、大学院に進んだが、建築学生は忙しい。模型材料やパソコンにお金もかかる。だからバイトをする人が多い。

だがバイトで時間と体力を奪われては肝心の建築に力を注げない。好きなことのために好きでないことをするのは意味がない。だったら、ということで、本格的にシェアハウス「武蔵境アンモナイツ」を始めた。

同じ建築学生など９人で一緒に住んだ。そこで得られるシェアハウスの家賃を、建築学生として必要な経費に使えば、自分の時間にゆとりができて、建築の勉強にも専念できると考えたのだ。

いちばんRさんが可哀想だったんです

「最初はシェアハウスでコミュニティとか地域に開くとか考えていたわけではなかった」と言う。

だが、シェアメイトの一人の女性Rさんがアート作品を庭先で売り始めたら、けっこう評判が良くて、近所のおじさん、おばさんも、「あなたたち、何しているの？　一緒に住んでるの？」と声をかけてくるようになった。

２０１２年当時は、まだシェアハウスというものは社会的に認知されていなかった。若者が９人も一緒に住んでいると、何かの宗教かと思われもする。だから、シェアハウスの場合、住人から発信していくのも地域に溶け込むひとつの方法だと気づいた。

アート作品を売ったRさんは、2013年から一緒に住んでいる。瀬川さんのシェアハウスに来たきっかけは、大学時代から同棲していた彼氏と別れたこと。家を出ることになったのだが、家電付きの部屋に住んでいたので、自分の持ち物は、衣服以外はティファールのケトルとヘアドライヤーだけだった。

瀬川さんのシェアメイト募集方法は、ツイッターとフェイスブック、もしくは気になる人に直接声を掛ける方法で、今まで不動産サイトなどへの掲載はしていない。また、自主運営だからこそ、入居希望者の個性が決め手になる場合も多い。

「その時期住みたがっていた4人の中で、誰よりもRさんが可哀想だったんですね。特技はあるかと聞いたら、ティファールを持ってますって言うだけで」と瀬川さんは笑う。以来ずっと一緒に住んでいる。

結婚し赤ちゃんが生まれてもシェアハウスに暮らし続ける

2016年には、シェアハウスの住人ごと吉祥寺に引っ越した。武蔵境の家は築45年で大

２組の夫婦と赤ちゃん１人が一緒に暮らし、仕事をする　©井の頭アンモナイツ

規模修繕が必要になっていたし、武蔵境の地価の相場もピークだったし、吉祥寺のほうがシェアメイトの通勤に便利だった。

何より、地域密着の活動に価値を感じる投資家が現れ、地域で築いたコネクションごと買い取りたいと言ってくれたことがきっかけとなり、売却を決意した。

シェアハウス「吉祥寺アンモナイツ」は、雑居ビルの一フロアで、部屋数は４部屋になった。男性３人は引っ越しをし、２人は渋谷でルームシェアを始めた。退去した今でも月に一度は顔を出す仲だ。

しばらくすると、瀬川さんは結婚し、Ｒさんも結婚、さらに妊娠した。結婚しても子供ができても一緒に住みたいと思っていたので、もうひとつの拠点として、子育てのできるシェアハウスを新たに共同設立することにした。それが取材に伺った、三鷹の「井の頭アンモナイツ」だ。瀬川さん夫婦とRさん夫婦が共同で中古住宅を買い、リノベーションしたのだ。

吉祥寺でのシェアメイト6人は、ごっそり三鷹に移転し、追加で2人のシェアメイトを募集。吉祥寺では新たに4人を募集した。20名以上の応募の中から、住人みんなで悩みに悩んで新メンバーを決め、2拠点で12人が住むことになった。そして秋には赤ちゃんが生まれる。

「赤ちゃんが今から本当に楽しみです。私はRさんのお姉さんみたいな存在なんだけど、赤ちゃんができると思うと自分でも信じられないくらい母性が出てきて、不思議ですね。おばあちゃんってこんな気持ちかな」と瀬川さんは言う。

「アンモナイツで生まれ育った子供は、両親以外は他人なわけですが、多様な大人たちに囲まれて育つとどんな子になるのだろうと。あとは自分にも子供ができたら、Rさんの子供と相部屋にしたくて。そうしたら2人はきょうだいみたいになるかな、とか考えると面白くて。ちょっと実験している気分。」

たしかに新しい住まい方、生き方、子育てだ。シングルマザーか、両親ともいない子供でもないと、他人や他人の子供と一緒に住むことは普通はない。もちろん今の時代、誰もが離婚する可能性を少しは想定して生き方を考えているかもしれないが。

シェアメイトはきょうだいみたい

シェアハウスの暮らしはひたすら楽しいらしい。シェアメイト同士がきょうだいみたい。いつも何かをしながら、女子同士でずっとおしゃべりをしているという。もちろんシェアハウスの中で仕事もする。私の午後3時からの取材中も、新しいシェアメイトの女性が瀬川さんやRさんの仕事を手伝って、ダイニングテーブルで黙々と作業をしていた。

シェアメイトの職業は、クリエイターが多いが、普通の会社員もいる。ただしOLをしながらブックデザインをしている香港人女性だ。それから革製品の職人見習いの男性。バーテンダー兼大工兼DJの男性。カメラマンが2人。うち1人はカメラマン兼管理栄養士の女性。

この管理栄養士の女性が来てから食事のレベルが上がってしまい、瀬川さんはいっさい料理をしなくなった。食事をつくってもらったらお金を払うので、家賃が入る代わりにお金が出ていく。カメラマンには写真の仕事を発注することもあるし、そうやって家賃と仕事が交換されることも多い。

収入付きシェアハウスというのは以前からある。たとえばシェアハウスに6万円で住む代わりに、シェアハウスの掃除などをして3万円分働く。結果家賃が3万円になるというもの。写真とか料理とか、それぞれのスキルをシェアハウスの中で発揮することで、実質家賃を下げられるわけだ。

いわば数名のシェアメイトの中で、小さな経済圏ができるのである。昔の小さな集落のように、一緒に何かもするし、それぞれが得意なことを生かして、そのスキルを交換し、貨幣をできるだけ使わない。言い換えると、貨幣をその小さな経済圏の外に出さないで中で完結させるわけだ。

お金よりコシヒカリのほうがいいですよね

シェアハウスでは、シェアメイトの実家ともつながる。Rさんの実家は農家なので、定期的に新鮮な野菜を送ってもらっているし、新潟県魚沼郡出身のシェアメイトは、大学院受験で家賃も払えないくらいのときには、家賃代わりに実家からシェアメイト全員分の魚沼産コシヒカリを送ってもらった。

「お金よりコシヒカリのほうがいいですよね！　実家のほうもお金を送るより、お米を送るほうがいいだろうし。」

Rさんの実家の農作業を手伝いに行くこともある。２０１８年の春には、シェアメイト6人で田植えに行った。

「こんなにおいしいお米をただ食べるだけでは申し訳ないし、実際に自分たちでつくってみたくて。と言っても、農作業は大変だからと、到着したらRさんのお父さんがほとんど終わらせていて、私たちはちょっと体験したくらいなんですけどね（笑）」と瀬川さんは言う。

「井の頭アンモナイツ」では、広いＬＤＫを使って料理教室を開く予定だという。シェアメイトの知り合いの男性が教える。窓から緑が見えるいい場所なので、楽しく料理ができそうだ。

また、ガレージを改造してアトリエをつくった。シャッターを開けるとガラス張りの窓があり、建築や写真などの作業をしているシェアメイトの姿が見える。Rさんらのつくった雑貨や栄養士さんがつくったお菓子も売るという。

小さな経済圏で暮らす

私はここで、故・堤清二さんと対談したときの彼の言葉を思い出した。彼は語った。
「かつて一時期、街が相当さびれるぞ、と言われて、本当にさびれちゃったんですが、これがどうやって回復するかと言ったら、新しい共同体、つまり住まいと仕事場とを結ぶ新しい共同体がつくられて、そこに店もはりついた形での小共同体がいくつかできているように思います。」「新しい小さな共同体をコアにして、新しいブロックが形成されて、新しい行政ができていく。ブロック同士の間には、木が生えていて、森になっていて」（三浦展『第四の消費』）

同対談はさらに続く。

三浦「ブランド性などの体制的な価値基準に縛られない無印的な考え方が、今度は、無印良品という『物』ではなくて、『コト』『人』として広がっていくのかもしれないですね。無印的なまちというものができるのかもしれない。」

堤「そう。無印のまちをつくろうとしていくと、気がついたら、無印という物から脱皮した、そういう新しいコンセプトができていくかもしれません。それでいいんじゃないでしょうかね。」
三浦「決して無印良品を使うまち、ではなく。」
堤「そうそう。」
三浦「無印良事。無印良人。」
堤「ですね（笑）。」

これは、まさに瀬川さんの暮らし方、本書で紹介する多くの人たちに共通の暮らし方ではないだろうか。
そういう未来をヴィジョナリーに予測した堤清二さんの先見性もすごい。無印良品は単に「ブランドではない物」ではないのだ。堤さんが求めたのは究極的には無印な人間、無印な生き方、そういう人たちが暮らす世界である。

1―5　8700坪の農地を買って週末を過ごす（千葉県南房総市）

#田舎暮らし　#大震災　#建築家がつくれない家　#自意識がない　#ユーザーではない　#生き物として生きる

生き物好きな息子のために

馬場未織さんは、2007年に千葉県の南房総市に農地を買った。8700坪（3万㎡弱）の広大な土地だ。そこに週末だけ都内から出かけて、家族で過ごすことにした。

南房総市と言っても、合併前は三芳村高月という8世帯だけの農村集落だった。全盛期は40人の人が住んでいたが、今は12人。そんな過疎地に馬場さん一家がやってきたのだ。

馬場さんがそんな「暴挙」に出たのは、当時保育園児だった息子の言葉だ。生き物全般が好きだった息子は暇さえあれば昆虫図鑑、魚図鑑を見ていた。

ある日「ママ、セミが捕りたい!」「カブトムシが飼いたい!」と言い出す。さらに知識が増えると要求はより専門的となり、「ママ、ヒラタクワガタが見たい!」「センチコガネが見たい!」

そう言われても世田谷の家のまわりには、そんな虫はいない。休みの日には、昆虫採集などに適した自然のある場所に出かけることが増えた。わざわざ旅行仕立てにしないと生き物に触れることさえできない生活環境に、少しずつ疑問を持つようになった。

ではどうするか。仕事の都合上、完全な移住はできない。夫婦の両親とも老いてきたが、東京暮らしである。となると、別荘か、セカンドハウスか。とにかく子供を自然の中で遊ばせたいという気持ちが首をもたげてきた。

夫も「『大草原の小さな家』みたいに、家はボロでも、まわりに自然が広がっていて、あっち行っちゃダメ、こっち行っちゃダメ、じゃなくて、自由に遊べる家ってないかね」と言い出した。

それから物件探しが始まった。最初は世田谷から行きやすい神奈川県内で探した。だが田舎とはいえ、神奈川だと値段が高すぎる。いろいろ考えた末、東京湾をアクアラインで渡ることにした。房総半島なら買える。しかしグッと来る物件はなかなかない。

このへん全部が自分の土地

風土に溶け込んでいて、デザインとか自意識といったものがまったくない家

ある夜、ネットで物件探しをしていると「南房総、8700坪、農地2900坪、古家あり。稀少の良質物件」というのを発見した。値段は、夫が子供の頃から憧れていたフェラーリは買えないが、ポルシェなら買える値段。早速アポを入れて翌々日には現地へ。

丘の上の家から、目の前に広がるジブリアニメみたいな田舎の風景。グッと来た。息子は、すげ〜〜〜っ！　ひっろ〜〜〜っ！　と狂喜しながら草の上を走り回った。

買うことに決めた。

風土に溶け込んだ農家の家

馬場さんは大学で建築の勉強をした。設計事務所で働き、その後は建築関係のライターをしている。だから、人間が頭で考えて素晴らしいと思う空間をつくる仕事に、ずっと携わってきた。

だが、南房総のこの古い農家は、そういう人為的なものを超え、個人の趣味、嗜好を超えて、心地よかった。つくろうと思ってもつくれない家。この土地の風土にすっかり溶け込んでいて、デザインとか自意識といったものがまったくない家。自意識過剰でデザイン好きな建築家の家とは正反対。なのに建築家のつくる家より、もしかしたらずっと普遍的で、ほっとする。

馬場さんの「この土地の風土にすっかり溶け込んでいて、デザインとか自意識といったものがまったくない」という言葉から、私はFound MUJI（ファウンドムジ）を思い出した。Found MUJIとは、無印良品がここ数年展開している活動だ。日本のみならず、世界のいろいろな地域で、普通の人々の生活の中で日常的に使われてきた物の中から、これってこの地域の無印良品じゃないの？　この地域だけでなく、普遍的に無印的な物として魅力があるんじゃないの？　というものを発見していく活動である。一種の「民芸」を発見する活動とも言える。馬場さんは南房総にMUJIを発見した。

井の頭アンモナイツの節（1－4）でも書いたが、無印良品の思想が究極的に具現化した形は、無印良品をたくさん使う暮らしではなく、むしろ逆に暮らし自体が「無印」になることである。暮らしの道具と暮らしそのものが、その土地の風土にすっかり溶け込んで、デザインとか自意識といったものがなくなり、無駄がなく、美しいことである。

昔の生活に学ぶもの

文京区生まれで結婚して世田谷区住まいという馬場さんには、房総の農家暮らしは驚きの連続だった。そもそも買った土地の中に家と農地だけでなく、山林、原野、そして墳墓がある。

私は幼少期に、父の育った庄屋の家に住んだことがあるので、馬場さんの驚きはほほえましい。５００坪の屋敷の庭には太い木が何十本も立っていて、隅には築山があり、池があり、池の横に先祖代々の墓があったのだ。家のまわりは川で囲まれ、その向こうは延々と田んぼである。小さかった私には隣の家が見えなかった。

そんな大きな家でも、そもそもは隠居用の家であり、長屋門(*)を改造してつくったものらしい。本当は４０００坪の屋敷だったらしいが、土地を売ったり、火事で燃えたりして５００坪に減ったのだという。

その古い家を売って市街地の郊外部の団地に１９６３年に引っ越した後も、家の前は畑、その向こうは田んぼであり、まだお百姓さんが肥おけを担いでいた。１９７０年頃までは田植えも手植え。雨の降る中、早乙女《さおとめ》たちが植えた苗は一直線に並んで美しかった。夏にはウシガエルが大合唱し、家の中の照明には無数の虫が集まった。

稲刈りが終わると、私の家の前にも稲を乾かす「はざ」が立ち、脱穀が終わると籾殻《もみがら》を燃やす煙と匂いがたち込めた。稲刈り後の田んぼは私の野球場だったし、草の中を駆け巡って草で手を切ったことは数え切れない。

隣の家の女の子と2人で、5歳児があぜ道や小川沿いを歩いて随分遠くまで行ったこともあるが、平和な時代、何も起こらなかった。まったくトトロの世界だ。

＊　武家や庄屋などの屋敷の門。門の両側に使用人の住居、納屋、作業所などがあり、門と一体化している。

地域の人たちがいろいろなことを教えてくれた

そういう50年以上の前の暮らしに今、都会育ちの若い世代が憧れる。

「東京でのライフスタイルやセンスをはめ込むのではなく、昔からここで寝起きして、日々を紡ぎ、年月を重ねてきた農家の人々の暮らしにできるだけ寄り添ってみよう」と馬場さんは思った。

だから古民家をリノベーションして、部屋の中は都会風、ということはしない。断熱改修はしたが、それ以外はほぼ昔のままの形で住んでいる。あくまで自分で土地に関わり、地域に関わり、草を刈り、野菜をつくって暮らす。

地域の人たちは、何も知らない素人の馬場さん家族に、野菜のつくり方、草刈りの仕方、虫や魚の捕まえ方など、いろいろなことを教えてくれた。地域の人たちからすれば、過疎地の集落に都会から週末だけとはいえ家族で来てくれて、いろいろ文章を書いて宣伝もしてくれるのだからと、協力するのが当然だという意識もあるらしい。

逆に都会は「何でもあって誰でも入れる博覧会場のような場所に住んでいるよう」に思えると馬場さんは言う。

そこでは人は、あくまでコンシューマー（消費者）であり、ユーザーであり、何でもお金で外注し、注文通りにいかないとクレーマーになる。クレームを恐れてますます社会は細かく制度化され、自由がなくなる。そういう悪循環がある。

物のデザインも、環境、省エネ、ユニバーサル、プロダクトライアビリティなどなど、いろいろなことを考慮しないといけない。どれも必要なことだが、制約が多く、窮屈な時代なのである。

自分が生き物として生きるために最低限必要なもの

建築やデザインの仕事をする人が多い環境で育った馬場さんは、物のデザインの素晴らしさを感じながら育った反面、そこに限界を感じることもあったらしい。

特に１９９５年の阪神・淡路大震災を経験し、現代の社会、都市、建築、生活が、いかにもろいものであるかと気づかされたことの影響もあるという。自分が生き物として生きるために最低限必要なものについてもっと知り、それに関わる生き方をしなければだめだと感じたのだ。そういう思いが、息子の昆虫好きをきっかけとして房総暮らしを始める大きな背景にあったのだ。

そしてさらに２０１１年の東日本大震災。水がない、コメがないと慌てふためく都会の人々に対して、房総の村の人たちはどっしりとして揺るがない。物流が止まると生活が止まる都会と、食べ物くらいは何とかなる田舎の違いである。

いや、田舎だって、今の若い世代は、コンビニとショッピングモールで暮らしている。だから、地震だ、大雪だ、で避難所暮らしをすると、高齢者は、高齢者同士でおしゃべりができて楽しいという人すらいるのに、若い世代はチョコが食べたい、ジュースが飲みたい、ゲームがしたいと言って禁断症状で苦しむらしい。

それくらいわれわれの暮らしは、目に見えない無数の複雑なシステムに過剰に依存している。それは個人ではどうしようもないシステムである。

できれば、自分の身のまわりの物を自分の目で見て、自分の手で動かすことで、自分の生活をつくりたい。そういう欲求が今少しずつ拡大していると思う。

NPOを設立し、都会の子供に自然体験をさせる「里山学校」を開く（左が馬場さん）

南房総を盛り立てるためにNPO設立

２０１８年８月、猛暑の中、私は馬場さんが主宰する「里山学校」の様子を取材するために南房総を訪ねた。

馬場さんは、単に家族で週末田舎暮らしをするだけでなく、２０１１年に任意団体南房総リパブリックを設立し、２０１２年にＮＰＯ法人化。地域振興のためにさまざまな活動をしている。

昆虫採集を始めとして南房総で十分に自然とふれあい、自然から多くを学んだ馬場さんの子供たちも、成長するにつれて東京での学業が中心になっていくのは仕方がない。だが馬場さんは、子供たちにかけがえのない経験を与えてくれた南房総をもっと多くの人たちに知ってもらおうと、ＮＰＯをつくったのだ。

ＮＰＯのメンバーは、農家、建築家、造園家、ウェブデザイナー、公務員、ライターと幅広い。それぞれのメンバーの興味や得意なことを生かして事業は多岐にわたる。

南房総の豊かな食を都内でも提供したいと始めた「洗足カフェ」（２０１１〜２０１４）、南房総市、東京大学と連携して行った市内全域の空き家調査（２０１５）、民家の断熱改修をして、居心地のいい田舎をつくるＤＩＹエコリノベワークショップ（２０１６〜）、二地域居住トライアルシェアハウスの開設（２０１８〜）、また、廃校になった旧平群《へぐり》小学校・幼稚園・保育所の再生活用事業（２０１６〜）も進めている。

里山学校

団体発足当初から通年で開催しているのが、里山学校だ。今年は9家族31人が参加。幼児から小学校低学年くらいの子供が、主に東京から親と一緒に参加した。ほとんどが東京23区内から。かなり都心部の人も多い。

馬場さんの子供たちは（南房総に来てから生まれた子も入れると3人）、南房総を十分に満喫し、今はある程度「卒業」してしまった。それでも馬場さんが、他人の子供を集めて里山学校を開くなどの活動を継続しているのはなぜか。

「自分の子供たちだけに経験させるのは惜しいほど、自然に親しみ、自然を知る経験はかけがえのないものだと思ったからです」と馬場さんは言う。

また、少子高齢化の進むこの地域で、里山を将来的に維持していくのが難しくなったとき、そのためにお手伝いをお願いすることのできる外部の人（＝ファン）がたくさんいることは大事だと思っており、都市に住んでいても南房総に愛着を持った子供たちをつくりたい、と考えて活動を続けているのだという。

都会から来た子供たちがどんどん川の中に入っていく

里山学校では、近くを流れる川に入り、魚やザリガニや虫を捕りながら300mほど歩く（捕ったものは後で逃がす）。最後は、山からの冷たい水が流れる支流に入り、サワガニも捕った。

ガイドは、地元の農家出身で東京農工大学大学院まで出て実家に戻ってきた男性がやってくれる。だから知識は本物。どんな小さな虫や魚でも名前と特徴を教えてくれる。そもそも馬場さんの子供たちに教えてくれたのが彼で、彼の知識のたしかさをリスペクトする馬場さんが、里山学校のガイドをお願いしたのだ。彼は、NPOの理事も務める。

今回集まった子供たちは、意外にすぐに自然に親しんでいく。日頃から子供の野外活動に

ウッドデッキで食べるカレーは最高！

積極的な家族が参加したのかもしれないが、子供の本能でもあると思う。

最近は家も学校もエアコン完備のため、汗をかかず、汗腺が十分に発達していない子供が増えており、そのために熱中症にもかかりやすいらしいが、当日の子供たちはいたって元気だった。中には川で泳ぐ子供もいて、ほんの短時間ではあるが、昔の田舎の子供に戻ったようだった。

川遊びの後は馬場さんの家に行き、２部屋続いた広い畳敷きの部屋で、大きな飯台を囲んで地元の野菜がたっぷり入ったカレーを食べる。みんな新鮮な野菜のおいしさに感激。

家の中を爽快な風が吹き抜ける。廊下からは、昔ながらの農村風景が下界に広がる。廊下から

斜面に向かってウッドデッキが設置されており、そこに腰を下ろして食べる親子も。これは気持ちがいいっ！（口絵1ページ）

なるほどーっ、馬場さんが気に入って8700坪も買ってしまった理由がわかったよ！

頭を空っぽにできる

ところで馬場さん自身は、南房総での週末暮らしをしてみて、何がわかったのか、変わったか。

「2ヶ所に拠点を持つことで、追い詰められなくなった、というのが一番大きい。東京の暮らしや今の仕事で大変なことがあっても、それを相対化して見る時間が週末にあるのはありがたい。東京の仕事だけで生きていかなくちゃ！　という気負いがなくなったのだと思う。」

馬場さんは―本当に面倒臭がり屋で、手づくりのお菓子など一切つくらないような人間」だったが、南房総に来てからは、梅干しや梅酒、醬油、季節のジャムなど、なんだかんだ手づくりするようになった。「とれてしまってもったいないものがある、というのが一番大きな理由」だという。

「つくるのが大好き！　というわけではないですが、普通は店で買う物を自分の家でつくって食べるのは、なかなか楽しい。子供が大きくなって共通の会話も減るような時期になっていますが、食卓に、食べ物づくりにまつわる会話の記憶がきざまれ続けているし。それはありがたいですね。」

「それから、そういう作業をしていると、次第に面倒くさいと思わなくなってくるのが不思議です。家事などと同じで、きっと、そういう仕事が暮らしに挿入されることに慣れていくんですね。」

雪国出身の私がいちばん無心になれるのは、雪かきをするときだ。新潟県は大雪が降るので、雪かきとは言わず雪掘りというのだが、ひたすら雪を掘っては、どかすという作業を黙々と続けていると、いつしか頭が真っ白になり、ランナーズハイのような精神状態になって、体の疲れを感じなくなる。

毎日が草刈りや草取りや植え付けや収穫やという作業の連続である農業も、人を無心にし、心を洗うのだろう。禅寺で座禅を組まなくても無になれる。頭が空っぽになる。そういう時間は都会で働く人にこそ重要だろう。もちろん現代では、勉強で忙しい子供たちにとっても。

1−6 地域の人が老若男女一緒に食べる（東京都杉並区）

#実家とつながる　#小商い　#家事を家の外でする　#近所の庭　#子供も一緒　#小さな経済圏

地域高齢化や近隣コミュニケーションの希薄さへの懸念

「ｏｋａｔｔｅにしおぎ」は、東京のＪＲ中央線西荻窪駅から徒歩15分の住宅街に、２０１５年４月にオープンした、私の本や論文ではたびたび取り上げている場所だが、最新の動向を知るべく再度取材した。

ｏｋａｔｔｅにしおぎは、「食」をテーマとする会員制パブリックコモンスペースである。３組の住人とひとつのオフィスが入居するプライベート＆シェアスペース、木の香りの漂う本格的なキッチン・土間・板の間・畳のコーナーがあるコモンスペースを有する。

会員であるｏｋａｔｔｅメンバーは月会費１０００円で、コモンスペースを予約利用（有料）して、イベントや食事会を開いたり、平日の夕方、皆で食事をつくって食べる〃ｏｋａｔｔｅアワー〃に参加したりする一方、運営管理は自分たちで担う。

また、会員の中の小商いメンバーは、追加の会費を払うことで、毎月決まった時間、営業許可のあるキッチンを専有して利用、食関係のビジネスのスタートアップの場として活用することができる。

オーナーは、（株）コンヴィヴィアリテ代表取締役竹之内祥子さん。運営管理コーディネートを、（株）エヌキューーテンゴの齊藤志野歩さんが手がけている。

もともとここは、竹之内さんが家族と居住する住宅だったが、夫が亡くなり、子育てが終わって家族が縮小したことや、相続の問題などもあり、空いた空間をどのように活用するかという課題が浮上していた。

通常ならアパート経営を考えるところだが、竹之内さんは、地域の高齢化や、近隣のコミュニケーションの希薄さへの懸念ということもあり、「住み開き」など、時間と空間のシェアを行うことで、ご近所の活性化にもつなげることができないだろうか、といったことを漠然と考えていた。

地域を拠点とするスモールエコノミー

また、竹之内さんはこれまで30年以上にわたり、マーケティング会社を経営してきたが、今後、マスマーケティングだけではない、地域を拠点とするスモールエコノミーが隆盛していくのではないかという予測もあり、そのような社会の動きに呼応する活動を行いたい、という希望もあった。

こうして、街の人がともに食卓を囲む「まち食」を常に行える場、そして食関連のスモールビジネス（料理教室、ワークショップ、仕込み、ジャムづくり、東北食材ネット通販など）のスタートアップの場にもなる、快適で気持ちの上がるキッチンと食卓のあるスペースができ上がった。

入会については、ウェブやSNSを使って、説明会への参加者を募集し、そこで趣旨に賛同した人に会員になってもらっている。現在の会員数は50名あまり、年齢は30代、40代を中心に、20代から60代までと幅広い。女性が約8割だが、男性メンバーも活躍している。夕飯

いろいろな人が集まって料理をつくって一緒に食べる

時のｏｋａｔｔｅアワーには、子連れ家族での参加も多い。

家事を家の外で共有する

夕飯時のｏｋａｔｔｅアワーには、単身者や子連れ家族での参加も多い。プロフィールも、料理教室主宰、ケータリング、パン職人、和菓子職人や管理栄養士といった食関係者だけでなく、ワーキングマザー、デザインや映像関係、シャツ職人、ＳＥ、建築士などさまざまである。居住地は、徒歩・自転車圏内も多いが、１時間電車を乗り継いでくる人もいる。

これまで開かれたイベントの一例を挙げ

ると、「おたがいさま食堂＠ｏｋａｔｔｅにしおぎ」、大分県臼杵《うすき》市の食への取り組みを記録したドキュメンタリー映画を上映し、臼杵の食材でつくった食事を提供する『１００年ごはん』上映会」、子供がつくって大人にふるまう「こどもがつくる食堂」等がある。メンバーによる料理教室やワークショップも定期的に開かれている。

喫茶ランドリー（１－７）同様、家事を家の外ですることで、街の中で家事を共有できるようにし、他人同士がつながるようにしたところも面白い。

地方とのつながり、実家とのつながり

３年経ってみると、メンバーの活動は狭義の「食」以外にも広がっていると竹之内さんは実感している。手芸部や園芸部ができ、園芸部は造園家の女性を中心にｏｋａｔｔｅの庭の木の剪定《せんてい》をみんなでやったり、家庭菜園をつくったりしている。男性たちは男子会をつくり、バンドを始めた。

また、ｏｋａｔｔｅの支店のようなものもできそうだ。あるメンバーが、長野県で古民家を改造してｏｋａｔｔｅのようなシェアスペースをつくるというのである。彼は、メディ

ア・映像関係の仕事をしており、長野県でも仕事ができることから２拠点生活を選んだという。

メンバーの実家とのつながりができてきたのも面白い。

小田原にあるメンバーの実家の（果樹）農家に、みんなでみかんなどを収穫に行ってジャムやケーキにしたり、群馬にあるメンバーの実家の田んぼでは、「ｏｋａｔｔｅ米」と銘打ってお米をつくり、メンバーが稲作部として農作業を手伝いに行くこともある。狩りでしとめられたイノシシの肉が送られてきたこともある。

近所の庭の果樹を使えないか

西荻窪には、庭に果樹がなる家がたくさんあるが、高齢化で果樹を採らない家が増えた。これをｏｋａｔｔｅとして採らせてもらい、活用できないかとも考えているという。

ｏｋａｔｔｅにしおぎの存在意義は、「食」をハブに、地縁だけでも趣味のコミュニティだけでもない、会員相互の自由でフラットな関係性の中から、ビジネス（消費）でも、ボランティア（奉仕）でもない、新たな社会価値を生み出せる関係性を醸成する場の提供だと竹之内さんは言う。

逆に言えば、企業が社会価値を生み出せないかぎり、こうした「進んだ」消費者は、自分たちで動き始めてしまうということだろう。

１―７　マンション街に「自由解放区」をつくった女性（東京都江東区）

＃１階を使う　＃ルールがない　＃働く姿が見える　＃長屋みたい　＃家事を家の外でする　＃１００円ショップでもダサくない　＃郊外化する都心

ランドリーカフェって何だ？

「もう暴走してる！」

田中元子さんは、大きな目をますます輝かせて言う。田中さんがつくった「喫茶ランドリー」のことだ。

現在いたるところで「新しい公共」を模索する動きがある。特に都心や郊外ニュータウンなどで、そうした場所をつくる試みが盛んである。墨田区に２０１８年１月５日にオープンした喫茶ランドリーはまさにその典型だ。

建築ライターの田中元子さんが新たに設立した株式会社グランドレベルが開業した。墨田区の工場や倉庫の建ち並ぶ地域にある古いビルの改修を相談された田中さんが、ランドリーカフェを1階に入れることを提案し、紆余曲折の末、自分でやってみようと決断して始めたものだ。

ランドリーカフェというものは、世界では少し前から出始めていたそうで、要するに、コインランドリーに来た人たちが待ち時間にくつろぐカフェが併設されている。日本でもでき始めており、今後増加することが予測されているが、そのほとんどはあくまでコインランドリーがメインであり、同業種との差別化を図るための動きだと思われる。

しかし喫茶ランドリーでは、ランドリーのまわりが結構広々としたカフェになっており、その片隅にグランドレベルのオフィススペースがある。と言っても大きなテーブルがひとつ置かれているだけだ。

コインランドリー用の洗濯乾燥機は高額のため、喫茶ランドリーでは福祉施設などで使う耐久性の高い業務用洗濯乾燥機を置き、料金はカフェのレジで支払う形式にした。洗濯と乾燥の代行サービスも請け負う。

ある日、ある人がパンをこね始めた

この喫茶ランドリーの面白さは、ランドリーカフェという業態をいち早く導入したところにあるのではない。田中さんは、喫茶ランドリーの中は「ノールール」と言う。店内では客が単に飲食をするだけでなく、自由に行動できるようにしたのだ。

読者は、何だそりゃ？　と不思議に思われるだろう。誰かがとんでもないことを始めたらどうするんだ、と不安視するかもしれない。

だが、みんなの迷惑になるようなことは起こらなかった。

オフィススペースとしているテーブルで、ある日パンをこねていいですか？　と、子育て中のママから申し出があった。あ、いいですよと言うと、本当にママたちが集まってパンをこね始めた。別のママは、趣味でつくるアクセサリーを展示販売し始めた。花を飾る人、レコードを販売する人もいる。

高額なコインランドリー用の洗濯乾燥機購入を断念し、そこで費用が浮いた分、ミシンやアイロンを購入して洗濯乾燥機の前のテーブルに置いた。子供がそのまわりで遊んでいる

「3Dプリンターのある工房もいいけど、意外とミシンがアツいですね！」と田中さんは笑う。
（口絵4ページ）。

もちろんパソコンを打ちに来る人、仕事の打ち合わせをする人もいる。一人でぼんやり過ごす人もいる。公園で一人でいたところ、常連ママさんが店に連れてきて、そのまま常連になった、というおじいちゃんもいる。

客のアイデアで、歌声喫茶やディスコになることもある。ディスコになると全員踊る。それがフェイスブックにアップされる。まさに暴走。

喫茶ランドリーのある場所は近年マンションが増えて、子育て世代が大量流入している。だが、そういう人たちが気軽に集まれる場所はない。まして子供の食べ物を持ち込み自由で自分の好きなことができる、家事も仕事も趣味もできるなんて場所なんてありえない。それを田中さんは実現してしまった。

ランドリーには子連れで来るママも多い。彼女たちが持ち歩いている乳幼児用の食べ物を心置きなく店で広げられるよう、食べ物は持ち込み自由だ。ベビーカー、車椅子での入店も可能。

子供の食べ物は持ち込み可だから、ママたちが気軽に集まれる

田中さんの仕事用テーブルもママたちが自分のために使い倒す

取材当日も3歳前後の子供数人が店内を動き回ったり、ゲームをしたりしていた。お店を紹介する記事が出ると、その記事を切り抜いてスクラップブックに貼り付けてくれるのもお客さんだ。

スクラップ作業をしている女性に聞いてみた。「毎日のようにここに来る。私の欲しかった場所はここだ！　って感じ。以前は幼稚園が終わった子供を連れて公園にいた。家は狭いし、やっぱり生活の場なので、家事や育児以外のことをする気分にはなれない。私は何か作業をしたり、ミシンをかけたりするのが大好きなので、ここでいろんなことをするとほんとに楽しい」と言う。

これは実験だな

グランドレベルという会社名からもわかるように、田中さんは、都市の中でうまく使われていない地面、1階部分を、もっとみんなのために使おうという活動をしている。これまでも、「けんちく体操」や「パーソナル屋台」など、いろいろな試みをしてきた。そういう経験が喫茶ランドリーにも生かされている。

「これは実験だなと思った。自由と秩序をここにいる人たちが自分たちでつくる実験。基本、私は最初に〝踊る〟だけ。こういうこともしていいよと示す。いわば場所に『補助線』を引く。すると各自が、あっ、やってもいいんだ、と気づいて、いろんなことを自発的に始める。ここは私の場所だ、この場所が自分の道具だ、とみんなに思ってもらえればいい。道具を使い倒すつもりでランドリーに来てもらえれば」と言う。

普通の喫茶店で他人に声をかけると不審がられるのに、ランドリーだとOKなのはなぜか。

「普通は場所が個室化しちゃう。人の個性が、自分の中、家の中にいつもは隠されているからだと思う。フラワーアレンジメントとかアクセサリーづくりとか、いろいろやっている人はいるが、見てもらう場所がない。だけどランドリーだと自分が、個性がオープンになる。それを密室ではなく1階にあるパブリックな場、喫茶ランドリーのようなところで見せられれば、街は楽しくなる。」

空間的な工夫はあるのか。

「あまりおしゃれにしすぎない。おしゃれすぎると敷居が高くなり、こんなことしちゃダメだろうと思われてしまう。かといってダサくても、やる気が出ない。区役所のコミュニティセンターでパイプ椅子、ではテンションが上がらない。その按配が大事。たとえば何もない真っ白な画用紙に、さあ自由に描きなさいと言っても無理。だけどうっすら補助線が引いてあると、そこから自由に描けたりする。だから店内のインテリアで補助線としての雰囲気を出せるようにした。椅子も中古で、高さや大きさを制限して居心地をつくっている。」

「100円ショップの物を使っても、ダサくなく空間をつくれるセンスが今の人にはある。素人のクリエイティビティはすごい。この場に合うものを感じ取って、お客さんやスタッフ、みんなが店づくりに参加してくれている。」

「施設」ではなく、自分という全体を回復する場所

「タワーマンションの最上階にコミュニティスペースをつくることがあるけど、それじゃだめ。地面にないとね。ここは1階でガラス張りだから、みんながミシンをかける、パソコンを打つなどの働く姿が、店内だけでなく、街行く人からも見える。昔の長屋みたい。同じことをするのでも、家の中に閉じ込もっていると、誰もその仕事に気づかないし、評価も承認もしない。でもここで同じ仕事をすれば、誰かがその仕事に関心を持ってくれる。街行く人と目を合わせたり、あいさつしたりする。自分たちが街から見えているということが、よろ

仕事をする姿が外から見えるのがミソ

こびにつながる。」

建築家クリストファー・アレグザンダーの名著『パタン・ランゲージ』にも、働く姿がストリートから見えることが、良い街の条件であると書かれている。ランドリーはそれを実現している。それによって、喫茶ランドリーの前を通りかかった人々は、いつもは自覚しない日常の家事や雑務を発見し、そのことによってランドリーに集まる人々は、自己実現、自己表現、承認への欲求を満たすことができるのだ。

先ほどの女性も「ここに来ると、こんな面白いことをしている人がたくさんいるんだって気づいて楽しいんです」と言う。都心のマンション街という無機質な空間に閉じ込められて抑鬱状態になりがちな人々に、喫茶ランドリーは自分を解放する場所を提供している。

行政がつくる場所は「施設」化してしまう。子供は保育園、子連れのお母さんは子育て支援センター、子供は少し大きくなると学校、高齢者は老人ホームにデイケアセンター、病人は病院、元気な人はスポーツジムなどなど。人間が、年齢や役割や体力や行動などによって分類され、それぞれの専門の施設に送り込まれる。それが現代の分業化した社会の特徴だ。おそらくマンションも施設だし、ニュータウンも大きな施設であろう。

だが、それは「人間の居る場所」ではない。人間は、家事をする人であり、遊ぶ人であり、家事や遊びから学ぶ人であり、料理する人であり、食べる人であり、それによって交流する人であり、というように、本来は、各種の行動によって細分化されて存在するのではなく、むしろ各種の行動によって有機的につながっていく「全体」として存在すべきものである。だが現代の社会も都市も、それらを分断し、分業化してしまう。そこに一種の疎外感が生まれる。

喫茶ランドリーは、おそらくその疎外感を解消し、自分という全体へと回復する場所でもあるのだろう。

第2章　昭和の官能

2－1　遊郭とストリップにはまるアラサー女子

＃赤線、青線　＃ホルモン　＃カストリ　＃女性ってきれいでかわいくて最高　＃ポラロイドでツーショット

ゴールデン街やのんべい横丁に女性客が増える

新宿ゴールデン街、渋谷のんべい横丁には、今外国人観光客が増えている。戦後の焼け跡、闇市の歴史を知らない外国人には、かなりエキゾチックに見えるのだろう。外国人は広島、長崎が原爆を投下されたことは知っていても、日本中の都市が空襲で爆撃され、焼け野原になったことは知らないらしく、そういう彼らにとっては、終戦直後の趣を残すそれらの場所が、ますます興味深く思えるようだ。

日本の若者も、葛飾区の立石、横浜の野毛などの闇市、赤線、青線のあった飲食店街に出

入りする人が増えている。

かつて、それらの盛り場の客と言えばほぼ男性だけであり、女性は店の女将か酌婦か売春婦として働くのが普通であった。ところが近年、客のほうに若い女性が増えているのである。闇市跡の盛り場に、従来の居酒屋などではなく、新しいバルなどの店ができて女性が入りやすくなったこともある。しかし女性のほうも最近は進化しており、彼女たちがよろこんで入り込む店は、今やホルモン屋だったり、あるいはもっと奇妙なゲテモノを食べさせる店であったりする。

私はこうした昔からの猥雑な飲み屋街に出入りし、男性と同じようにホルモンなどを食べる女性を「暗黒女子」と名付けた（拙著『毎日同じ服を着るのがおしゃれな時代』）。

赤線や遊郭への関心が高まる

赤線や遊郭の跡地を歩いたり、その歴史をひもといたりといった本の出版も増えている。戦後すぐに発行されたカストリ雑誌や、遊郭関連の復刻本などを出版するカストリ出版という出版社が設立され、２０１６年には、吉原のソープ街に「カストリ書房」を開店し、話題になった。そのカストリ書房でも客は圧倒的に女性であり、年齢は20～30代だという。

「何かどろどろしたものを求める気分が女性たちにある気がします」とカストリ出版社長でカストリ書房の店主でもある渡辺豪さんは言う。

彼は旅行が好きで全国を回っていたが、しばしば各地に不思議な魅力的な場所がある。何だろうと思って調べてみると、昔遊郭があった場所だとわかった。そこで全国の遊郭を調べてそれらを訪ね歩いてSNSで発信したところ、その情報に反応してくるのは女性が多かったのだという。

若い女性が遊郭に惹かれる背景には、「貧困とか不況とか少子化というものも絡んでいるだろうと思う」と渡辺さんは言う。

「倫理観も変化しているし、セックスワークに対する女性の考え方も変化している。不況のためになかなかお金を得られないので、そうした仕事をしている女性たちがいることを一般の女性も知っているし、自分の身のまわりにもいるわけです。セックスワークをしている女性たちも、自分たちの考えをSNSや出版でも発信していて、それは中学生の女子でも知りうる。じゃあ、こういう働き方って、自分はできるのかできないのかを考える機会も増える。そしてちょっと調べれば、昔は遊女がたくさんいたことはわかるし。」

それに「遊郭があった時代のほうが日本は勢いがあって、商店街もにぎやかだった。ところが今は産業が空洞化したり、少子化で人口が減ったりで、商店街はシャッター街。遊女たちの哀しい歴史というのはたしかにあるけど、明るい面、たくましい面、文化的な面もあったということに目が向き始めたのではないか。」

女子中学生が遊郭を研究

カストリ書房には、遊郭に関心を持った中学生の女子まで両親同伴で訪れたという。「毎日新聞」（２０１７年１月14日）によると、その女子中学生は、月に一度は家族で訪れて同店で本を買い、赤線跡を見学しているというのだ。

女子中学生が遊女の存在を知ったのは、小学６年生の社会科見学で訪れた江戸東京博物館。浮世絵に描かれるあでやかな着物やかんざし、展示されていた等身大の人形を見てはまった。吉原が舞台の映画『さくらん』『赤線地帯』『吉原炎上』も見た。インターネットで吉原の歴史について学んだ。渡辺さんが出版社を設立する前から書いていたブログ「遊郭部」も読んだ。

彼女が熱心に吉原について調べる姿を見ていた父親が、「一緒に吉原に行ってみよう」と誘ってくれた。遺跡発掘の仕事をする父親は、古い建物が好きで、神社仏閣などにも造詣が深い。ちょうどそのころ「カストリ書房」がオープン。それから毎月吉原を訪れるようになったという。

遊郭の次はストリップ

こういう遊郭好きの一人である女性のHさんと私は数年来の知り合いなのだが、彼女が最近また別の趣味に目覚めた。ストリップである。

広島の遊郭跡を訪ねたとき、遊郭以外にも古くて廃れた建物に惹かれて、いろいろ調べ歩いているうちに、市内のストリップ小屋を見つけて、吸い込まれるように中に入った。もちろん初めてだ。

ピンクのライトに照らされて光る踊り子の汗にぐっと来た。自分より少し年上のある踊り子に魅力を感じた。自分もこういうふうになりたいと思った。かわいくて、色気があって、女らしい。「女性礼賛のような気持ちというか、女性ってきれいでかわいくて最高、女に生まれて良かった！　というような気持ちになった。」

Hさんは、往年の大女優若尾文子《あやこ》のファンでもある。女としての自分の魅力をちゃんと知っていることへの憧れという点では、踊り子への気持ちと若尾さんへの気持ちは共通しているかもしれないと彼女は言う。

Hさんは昭和の飲み屋街が好きだ

川崎のストリップ小屋に同行

酒場と遊郭とストリップに目覚めた彼女を取材するため、私は彼女と川崎のストリップ小屋に同行した。広島で好きになった踊り子が出演するというのだ。

川崎駅の改札で待ち合わせた。彼女は川崎に来るのは３回目で、いずれもストリップを見るためだという。

いきなりストリップ小屋では無粋なので、駅近くの飲み屋街を歩いた。まだ開店していなかったが、昭和歌謡の世界がそこにあった。

それからいかにも昭和の大衆酒場という店で夕食をとった。酒場とはいえ、普通の町中華のようにラーメン、チャーハン、各種定食も揃う。食堂であり酒場だ。

冷やしトマトやたこぶつをつまみに、ビールとレモンハイを飲む。最後に彼女は「オムライスを頼んでいいですか」というので、頼んでみた。これがうまい！

量は多いが、甘めの味付けで飽きない。さすが、かつての京浜工業地帯の労働者の街。彼らの食欲旺盛な胃袋を満たしてきた食堂なのだということがわかる。

腹を満たしたところで小屋に向かう。もっと繁華街の中にあるのかと思っていたら、すこ

ストリップ小屋に向かうHさん

し街外れの暗い場所にある。昔は遊郭だったという。そこに小屋の照明だけが光っている。切符を買い、中に入る。客席はほぼ満席。女性はHさんだけ。男性たちの年齢は40代前後か。彼女と並んで席に着く。私もストリップを見るのは十数年ぶりだ。しかもこんな近くで見るのは初めてである。

ストリッパーの汗に私も一瞬でやられた。七色に輝く汗が体から飛び散る。それがきれいだった。

踊り子さんとツーショット

着席してから2人目に、Hさんのお目当ての踊り子さんが登場。踊りが終わると撮影タイムがある。男性たちが次々と踊り子をポラロイドで撮影したり、踊り子とツーショットを撮ったりする。Hさんは「私も行ってきます」と言って、列に並んだ。

「へえ、そこまでするんだ！」と私は驚いた。他の男性客も驚いたと思うのだが、表情にそういう驚きは見られない。もしかすると、他にもこういう女性客が来るのだろうか。

順番が回ってくると、Hさんは踊り子さんと「前も一度お会いしましたか」「ええ、前回も川崎で」と会話し、握手し、ポラロイドでツーショットを撮ってもらった。

3番目の踊り子さんを見てから小屋を出た。そして、Hさんの自宅のある都内のJR沿線の駅近くのスナック街へ。彼女はスナックも好きなのだ。

これまた今日で3回目という店に入る。銀座で働いていたという、美人で言葉遣いも上品な着物姿のママさんが仕切る。

「あら、いらっしゃい。今日は男性とご一緒ね」とママ。

「はい、娘の素行調査で」と私。

「それで〝底〟に来たんですね」と常連客。このスナック街は地形が崖から急に下ったところにあり、「底」のようだからだ。

ママは名前を「文子《ふみこ》」という。若尾文子好きなHさんにはうってつけの名前。食品管理者の名札に達筆で名前が書いてある。さすが元銀座のホステス。そういえば川崎の飲食街には「若尾」というスナックもあった。

さて、常連の4人はすでにカラオケタイムだ。さっそくHさんはペドロ・アンド・カプリシャスの「別れの朝」と「ゲイシャ・ワルツ」を歌う。私もついでに「矢切の渡し」と「氷雨」を披露。

常連たちは、美空ひばりを歌う女性や、シャンソンを歌う男性など、持ち歌を次々歌う。新参者の通過儀礼なのか、常連のおじさんは自分の好きな曲をリクエストしては、私たちに歌わせる。Hさんは高橋真梨子の「桃色吐息」、私は「愛の讃歌」。

大衆酒場、ストリップ、カラオケスナックという昭和の川崎の労働者の王道を歩んだ一夜だった。酒は何杯飲んだかな。

2-2 スナックのママをしたがる平成世代

#日替わり　#街に居場所をつくる　#コワーキング　#チェーン店ではだめ　#人をつなぐ

日替わり店長スナックは、コミュニティを考える場所

最近はスナックブームだと言われる。スナックに行きたい、行くのが好きだという30代男性が増えているようであり、また、スナックに勤めたいという若い女性も増えている。私のまわりにも実際にそう言う男女は少なくない。

そこで、30歳前後の女性がママとして働くスナックに潜入してみた。

あさみさんは28歳（取材当時。以下同）。2年前、転職したことを機に、ＪＲ中央線西荻

窪駅近くのスナックで月に2、3度だけママをしている。この店は、日替わりで店長が替わる仕組みであり、いわばひとつの店を数人でシェアするのだ。男性が店長の日もあるが、たいていは女性のママだ。

スナックと言っても、カラオケはなく、業態としてはバーだが、本物のバーテンダーがお酒を出すわけではないので、事実上スナック、といったたぐいの店である。

日替わり店長の一人、あさみさん

「私は人とコミュニケーションをするのが好きなんで、お金をもらいながらストレス解消している感じですね」とあさみさんは言う。

仕事は渋谷方面。もともと西荻窪に住んでいたが、その会社に転職したことなどが理由で、自宅も渋谷方面に引っ越した。だから毎月、わざわざスナックのために夜、西荻にやってくるのだ。

「一日の最後に、私は、人と話して終わりたいんですよね。女性って特にそうだと思うけど、男性も、家のある駅まで着いても、駅前でちょっと引っかけて、ママやマスターと話してから帰りたいってことは昔からあるでしょ。そういうのを、サードプレイス(*)っていうらしいですが。」

＊　自宅、職場に次ぐ3番目の居場所。アメリカの社会学者オルデンバーグは、真のサードプレイスを「無料あるいは安い」「食事や飲料が提供されている」「アクセスがしやすい、歩いていけるような場所」「習慣的に集まってくる」「フレンドリーで心地よい」「古い友人も新しい友人も見つかるようなところ」と定義している。

チェーンの居酒屋でもカフェでもだめ

だからチェーンの居酒屋じゃダメだ。

「チェーンには何にも魅力も刺激も感じない。チェーンはルールとマニュアルが多い。スナックはルールがない。だからお客さんが楽しめる。」

たしかに今、チェーンの居酒屋は苦戦中だ。若い人口が減ったこともあるし、中食市場の成長も理由だが、実は、学生時代からチェーンの居酒屋で飲んできた現在のアラサー以上の年齢層が、あきらかにチェーン店に飽きていることも大きな理由ではないか。

若いときは大勢で集まって盛り上がったが、社会人も5年目くらいになれば、大勢で集まることは減るし、わいわい盛り上がるだけでなく、一人でしっとり飲んだり、２、３人で、仕事の話、社会の話、家族の話などをしながら飲みたくなるだろう。そうなったとき、チェーン店にはない落ち着きとか濃密さとかが欲しくなる。

自分の居場所を街に持つことの重要性

でも、夜カフェというのもあるけど、それじゃだめなのか。

「やっぱりお酒が入ったほうが、知らない人同士も会話がはずみますよね。夜カフェは、私も行くけど、基本静かだし、あまりお客さん同士が会話をすることがない。帰宅前に一休みしたいけど、話したいわけじゃないという気分のときは、夜カフェに行けばいいけど、話したいときはお酒があったほうがいい。」

知らない人と偶然知り合いになれることがスナックの価値らしい。横丁ブームというのも同じような背景がありそうだ。それに、昔は止まり木にやってくるのは基本、男性だけだったが、今は働く女性が増えたので、女性も夜中に止まり木に集まる。それだけいっそう多様な人々がスナックに集まり、意外な話が盛り上がるのだ。

「この店は、知らない人同士がけっこう気軽に話せる店。私もそうなるように気を遣っている。待ち合わせをしているわけじゃないけど、あの店に行けば、あの人がいるかなと少し期待して来てくれる店でありたい。仕事を忘れる場でもあるけど、仕事のヒントも得られるし、お客さん同士が仕事を紹介しあうってこともしばしばある。」

会社から帰って、寝て、また会社に行くだけの街ではつまらない

お客さんは、8：2で常連さんが多いという。

「街に、常連の店が2、3軒あるということは、その街に住んでいる理由があるということだと思うんです。会社から帰ってきて、ただ寝て、また会社に行くだけの街ではつまらない。その人が街に住んでいる理由がない。私自身も店に立つことで、この街にいる理由がある。街の中で自分が承認される場所を、みんな欲しているんじゃないかな。そういう意味で、私はママをしながら、コミュニティの勉強をしているのだと思っている。本業も、そういうことを考えるのが多い仕事なので。」

コミュニティとサードプレイス、意外に深いことを考えながらアラサーのママはスナックを仕切っている。

　1970年代後半から90年代前半にかけて、若者が出会いとコミュニケーションを求める代表的な場はディスコだった。だが、それは基本的に同じ世代の異性との出会いを求める場だっただろう。

　だが、現在のアラサー女子が求めるのは異世代との出会いであり、同世代の女性であっても、違う職種、違う業種で働く人との出会いであり、つながりであり、そこから得られる刺激である。その点は、シェアハウスと似ているように思われる。

コワーキングスナックって何だ

　次に、五反田のコワーキングスナックという変わった名前のスナックを訪れた。編集プロダクションを経営する宮脇淳さんは、自分の会社を移転してスペースが広がったのを機に、社員以外の人が働く場所として、コワーキングスペースを3年前に始めた。

　コワーキングスペースで働く人たちを見ていると、当然ながら働く場所探しに困っていた。

コワーキングスナックを始めた宮脇淳さん（手前）とママのサエコさん
撮影：鮫川佳那子　掲載元：ホンシェルジュ

昼は打ち合わせをしてカフェでも仕事、ということはあるが、夜、自宅で仕事というのも落ち着かない場合がある。だから夜、軽くお酒でも飲みながら、パソコンもたたける場所というのがあったらいいんじゃないかと考えたのだ。

そこで2016年7月に、コワーキングスペースとは別のビルにつくったのが「コワーキングスペース分室」としてのコワーキングスナックなのだ。だからママやチーママはライターが務める。

宮脇さんはライター交流会を開いており、そこで「スナックをするけど、だれかママをしない？」と呼びかけると、即やりますと言ってきたのが、現ママのサエコさん（28歳）だ。

「アニメ関係の会社にいたんですが、好きなアニメ作家のことなどを書きたくて、まずはライターになろうと思って講座を受けたり宮脇さんの交流会に来ていたんです。」

だから、ママとライターを同時に始めたのだ。ライターとしての仕事はゲームや雑貨関係が多いという。

なぜ、そんなにすぐにスナックのママをしようと思ったのか？

「女性が個人として話を聞いてもらえる場って、あまりない。スナックで働くといろんなお客さんの話が聞けるだけでなく、自分の話も聞いてもらえるし、この店は編集、広告などの業界の人が多いので、仕事の参考にもなる。ライターも始めたばかりだし、私の話を聞くのが上手な人を見ていると、自分がインタビューをするときの勉強にもなる」と言う。

その後、フェイスブックやツイッターでもママを募集したところ、20人から問い合わせがあった。今は9人が交替で店に立つ。

スナックは人をつなぐメディア

取材日にいたゆかりさん（29歳）は、最近チーママとして採用されたばかり。学生時代からファッション誌でバイトをしていた。大学卒業後、一旦企業に就職したが、人に会って取材して原稿を書くのが好きなので、もっと幅を広げたくて、会社を辞めてフリーライターをしている。分野は、美容、医療、芸能などが多い。

「人と話す機会がもらえてお金にもなるって、最高です。たわいもない会話が楽しめて、息抜きになる。」

ママたちはどうも、お客にサービスするというより、自分の楽しみ、息抜きをしているらしい。そのへんが昔ながらのスナックとの違いだ。もちろんコワーキングスナックの場合、情報収集やスキルアップにも役立つ。

そういえば、この店は禁煙でなんだか空気がきれい。カラオケもない。女性が男性に色気を振りまいたりする場所ではない。やたらとお酒を勧めることもない。

宮脇さんは言う。

「コワーキングスナックはリアルに人の集まる場所であり、人と人をつなぐメディアなんです。だから、カフェだと夜集まるには、ちょっと弱い。バーだと、本格的すぎて敷居が高い。スナックのゆるさがちょうどいいんですね。」

夜カフェでは人がつながりにくいというのは、前述のあさみさんと同じ考えだ。

「夜の場所があることで、僕のクライアントさんも、ちょっと立ち寄ってくれたりする。編プロやフリーランスにとって、そういう場所は貴重です。」

SNSで、バーチャルにはいくらでも人とつながれる時代だが、リアルでは、同業者としか会わない、同性としか会えない、ということは多い。スナックを通じて、いろいろな出会いが「編集」されているようだ。

2-3 昭和喫茶に恋し全国1700店舗を訪ねたOL

＃昔ながら　＃高度成長期　＃さびれて、はかなくなっている感じが好き　＃遊郭
＃廃墟　＃商店街　＃昭和歌謡

昭和の喫茶店が今、人気の理由

昭和を懐かしむ風潮は、意外に歴史が長い。戦前はともかく、戦後を懐かしむ風潮も1980年代には存在した。その中心人物の一人が、芸術家の沼田元氣だろう。彼は当時、恵比寿あたりの古い長屋に住み、不思議な活動をしていた。

平成に入り、さらに2000年代になると、沼田は多数の本を出版した。多くが喫茶店の本であり、さらに喫茶店を求めて地方都市などに出かける本であり、出かけた先で買うおみやげの本である。いずれも少女趣味で、装丁が驚くほど丁寧で美しくかわいい。

こういう沼田ワールドに魅せられたファンは多い。私もその一人なのだが、まあ、私の場合はコアなファンというほどではない。やはり２０００年頃に10代から20代だった女性にファンが多いのではないか。

難波里奈さんもそうだ。大学生になった頃から突如昭和の物に関心が高まり、ちゃぶ台などの家具、脚が４本あるテレビ、食器、雑貨、照明器具、もちろんファッションなどを集めまくったという。自分の部屋以外にも物があふれ出すと、さすがに親からいい加減にしてくれと言われる。

全国１７００店以上の喫茶店をめぐる

そんなとき、昭和時代の喫茶店に気づく。もともとコーヒー好きで喫茶店にはよく行っていたが、そうか、喫茶店に入れば、自分で物を集めなくても、昭和に囲まれて幸せな気分に浸れる、と考えた。だから、喫茶店の中でも特に「昭和の家具や雑貨がたくさんある店が好き」だと言う。

こうして喫茶店めぐりが始まった。平日はほぼ毎日１軒。本業は普通の会社員なので仕事帰りにも必ず1軒は行く。休日は2～3軒、旅先では5～6軒。旅先での最高訪問数は1日で13軒！

「電車の路線図を塗りつぶしながら、まだ降りたことのない駅周辺を散策し、喫茶店を探します。もうほとんど営業していないかな、というような店でも入ります。そして気に入った店にはまた何度も通いますから、店主の方とも仲良くなりますね」と難波さんは言う。

そうしてめぐってきた全国１７００店以上の喫茶店の中から、選りすぐった３００店強を紹介する『純喫茶コレクション』を２０１２年に出版して人気となった。装丁は沼田元氣。取材当時も、喫茶店関連の本だけで３冊を書いているという売れっ子だ。

昔ながらの喫茶店は、気を張らずにふらりと訪れることができるところが好きだ。「程よく放っておいてくれるし、値段もお手頃ですし」。マッチ箱も集めていて、現在、数百個を所有している。使用しないが眺めているのが楽しいという。

でも、昭和という時代や、昭和の喫茶店の何がそんなに魅力なのか。

「昭和の中でも、高度成長期の日本に関心があって、イメージではありますが、どんな人にも平等にチャンスがあって、頑張ればきちんと報われたような夢のある時代。今より色々なことが不便で大変なこともたくさんあったのだとは思いますが。大阪万博の頃など、未来への憧れがはっきりあった時代に憧れがありますね。」

喫茶店が大繁盛していた時代を想像するのが好き

当時は何でもピカピカの新品がどんどん発売される、レトロなんてなかった時代だが、「その当時のことや、喫茶店が大繁盛していた時代を想像するのが好きで、想い出を美化しているのかもしれませんが、やっぱり、その時代に行ってみたい」と言う。

一方で「かつて盛況だった喫茶店が今は少しさびれてしまって、はかなくなっている感じがまた好きで」。だから、あまり人が多くないところ、かつて栄えてその役目を終えてひっ

昭和の喫茶店でくつろぐ難波さん

そりと廃墟のようになった観光地や遊園地、ビルなども好き。ピカピカした新品より、何でも少し時間を感じられるもの。昭和歌謡、さびれた商店街や市場、遊郭跡、廃墟も好き」だと言う。

世の中がどんどんデジタル化して、ストレスが増えて、それで昭和の喫茶店でほっとしたくなるのか。

「デジタルやＩＴは、もっと進んでもいいと思っているんです。それで暮らしやすくなることはどんどん便利にしてもらって。それこそ『どこでもドア』で家から一瞬で地方の喫茶店に行けるならいいですよね（笑）。そうやって空いた時間をゆっくり喫茶店で過ごすとか、他のことに使えるのもいいですよね。」

一種の時間消費なのだろう。忙しい現実を生きていながらも、わずか数十分間、時間が止まったような空間で過ごす。かつての全盛期を越えたゆえの落ち着きを備えた家具や雑貨、そしてベテランの店主たちに癒される。それが昭和喫茶の魅力らしい。

２―４　全国の花街を集める大イベントを開いたアラフォー芸妓（福井県福井市）

＃芸者さん　＃地方から文化を発信　＃地域に根ざす

地域に根ざした重要な伝統文化

２０１７年10月28日、福井市で、全国15花街から総勢42名の芸妓が集結するという一大イベントが開催された。「花あかりふくい」である。福井市としても初の開催であり、大いに地元は盛り上がった。

芸妓の舞や遊びは、永い歴史の積み重ねの中から、今日に受け継がれた重要な伝統芸能であり、文化であり、また、それぞれの地域に根ざした特有のもので、観光資源として改めて見直され始めているとの認識に立ち、福井から芸妓文化を発信する初めての試みとして、このイベントは行われた。福井県としては、京都や金沢に並ぶ文化的事業と位置づけて開催したものだ。

主催は、福井芸妓伝統育成会と福井・浜町芸妓組合、共催が、福井県、福井市、福井商工会議所、福井観光コンベンションビューロー、福井市料理業組合であり、県と市を挙げての開催である。

福井芸妓伝統育成会とは、芸妓の存続が危ぶまれる中、平成2年に経済界が中心となり設立されたものであり、それから20年以上にわたり、芸妓文化の維持と技能向上を支援している。会長は福井商工会議所会頭の川田達男さんである。

全国15花街から集結という珍しいイベント

イベントに参加したのは、東京都の大森海岸、神楽坂、浅草、八王子、愛知県の安城、名妓連（名古屋）、岐阜県の鳳川《ほうせん》伎連、秋田県のあきた舞妓、新潟県の新潟古町、石川県の金沢、奈良県の元林院《がんりんいん》、愛媛県の松山、そして福井県の福井浜町、芦原《あわら》温泉、小浜三丁町の芸妓たちである。

芸者衆が一堂に会したフィナーレは圧巻

料亭「開花亭」での華やかな宴会

よくぞこれだけ集めたものだと感心した。3年がかりの大プロジェクトかとたずねると、いや、1年でやったという。驚きである。

イベントの第一部は、福井駅前ハピリンホールでの舞台公演。各地域の芸妓が、その地域伝統の演目を披露した。日本に8人しかいない男芸者(幇間《ほうかん》)の2名は、来場者の笑いを誘う芸を披露した。名古屋の芸妓は、しゃちほこを披露。

フィナーレでは、42名の芸妓が、地域ごとに異なる布をひらひらと舞わせながら、次々と壇上に現れ「花あかりふくい」のために特別に準備した総踊りを行った。幻想的な演出で感動的であった。一体いつ練習したのか、と問うと、みな忙しいので、前日にやってきて一度通し稽古をしただけらしい。さすがプロである。

第二部は、福井市の料亭街・浜町の5つの料亭、開花亭・かき恭・香爐園《こうろえん》・山楽・やま田での宴。42名の芸妓が6チームに分かれ、それぞれの料亭を交替で訪れ、客をもてなした。最後に開花亭に全員が集合という豪華な宴だった。

右から２人目が百子さん

全国の芸妓たちの横のつながり

　このイベントで大きな役割を果たしたのが、浜町の芸妓・百子《もも こ》さんだ。２０１６年に今回よりも少し小さい規模だったが、奈良で同じような「花あかり」というイベントがあり、それに百子さんも参加した。

　それがきっかけで、福井でもやってみたいと思い、百子さんは福井商工会議所に相談した。それから、前述したように、準備期間たった1年ほどでここまでこぎつけた。

　百子さんは福井で芸妓となって10年あまり。「日々」という、舞台付きのクラブを浜町で経営しているが、そこでつちかった人脈が、今回のイベントの成功の基礎にある。

とはいえ、浜町にも芸妓は４人しかいないので、何をやってもそんなに大きなことはできなかった。今回の「花あかり」のように盛大にやれたら、もっとたくさんの人々に芸妓の文化、料亭の文化を知ってもらえるようになるだろうと考え、全国の芸妓組合に参加してもらうために、百子さんは自分でも各地を訪ねるなどの努力を重ねて、この事業を進めてきたのである。

百子さんに、見事イベントを成功させての感想を聞いた。

「今回の花あかりでは、何より来られたお客様に喜んで頂けるように頑張ったし、実際、皆さんが、福井が大好きになったと言ってくれました。また、私たちにとって芸を勉強することは、とても大切なので、広い視野で切磋琢磨できると思いました。花あかりでは本当にたくさんの方にお世話になりましたので、これから少しずつ恩返しをしなくてはいけないなという気持ちです。福井での花あかりの開催は当分ないと思います。でも、他の県で持ち回りでやってほしい。また、今回できた横のつながりによって、料亭のお客様自身も各地を行き来することになると思うし、もうすでに、福井にお客様を連れて来てくれるという予約も頂いています。」

今後はまた別の地域で、別の芸妓組合も参加して、どんどん芸妓と料亭のネットワークが広がっていくのではないかと期待される。

2―5　日本最古の映画館と歓楽街をつなぐ（新潟県上越市）

#軍都　#チケットを人間が売る　#百年料亭　#歓楽街　#民泊

最新より最古が魅力になる

現存する日本最古と言われる映画館が新潟県上越市にある。旧・高田市本町6丁目にある「高田世界館」だ。

高田世界館は、1911（明治44）年に芝居小屋として開業。5年後の1916（大正5）年に「世界館」と改称、常設映画館となった。その後「高田東宝映画劇場」「高田セントラルシネマ」「松竹館」等と名称を変えつつ営業が続いた。国の登録有形文化財や近代化産業遺産にも指定されている。

実は私はこの高田の出身なのだが、世界館には一度しか入った記憶がない。1969年頃

「高田世界館」

だろうか、『ミクロの決死圏』という有名なSF映画を、母と兄と一緒に見に行ったのである。もしかするとゴジラ映画との併映だったかもしれない。

その後は日活ロマンポルノの映画館になってしまったので、中学高校時代は入らなかったし、大学からは東京に出たので、私の中では忘れられた存在だったのである。まして20世紀初頭につくられたなんてことは、まったく知らなかった。

軍都と娯楽と劇場と

そもそも高田は、江戸時代は松平家60万石の城下町であり、江戸時代には横町（現在の本町

2丁目あたり）に旅籠《はたご》屋があり、遊女がいた。明治になってからは官許を得て貸座敷31軒からなる遊郭となった。

1908年に陸軍第13師団が配置され、高田は軍都となった。1910年、遊郭は高田の北部に移転させられた。当時、娼妓数は146人だった。

芸妓は、明治初頭に東京や新潟から数名がやってきたが、次第に増え、日露戦争後（1904〜1905）は、田端町（今の仲町3丁目）や横町に合計100名以上の芸妓がいたという。

また、田端町には1874年に大漁座という芝居小屋ができた。89年には料理屋と芸者置屋が共同で巨費を投じて、この大漁座を仲町の別の場所に新築移転。芝居を見た後に、料理を食べに来る客を見込んだものだった。さらに1907年には、再び別の場所に大劇場を新築移転したというから、軍都化による繁栄を当て込んだのだろう。

呉服町（今の本町）には五福館、横町には共盛館、その他にも大惣という寄席ができた。共盛館と大惣は1900年に廃業したが、同年高盛館という寄席ができて、大漁座に次ぐ劇場として繁栄した。これがのちに映画館、高田シネマとなった。

高校生時代の私は、隔週で上映作品が替わるこの高田シネマに毎回通った。おかげでカンフー映画からイタリア青春映画まで、海外の多くの名作、駄作を見た。

また１９１０年、田端町の富貴楼の主人・黒崎市左右衛門が、新富座という大劇場を建設しようと計画したが頓挫。11年に石橋丈太郎が新富座のために購入済みだった材木を使って高田座という「ルネッサンス様式の白亜の大劇場」を新築した。これが高田世界館の始まりである。

こういう娯楽の歴史、歓楽街としての歴史もあるのだから、これを生かしたまちづくりということも、もっと考えられていいはずだ。

古いものの良さ

現在、高田世界館は、ＮＰＯ法人「街なか映画館再生委員会」によって運営されており、活発な上映活動を続けている。

ＮＰＯの代表はデザイナーの岸田國昭さん。上越市内出身で、一度東京に出たが、事情がありＵターン。映画好きでも古い建築好きでもなかったが、面白いことがしたいと思い、２０００年から、つぶれそうな映画館の再生に取り組んだ。ＮＰＯにしたのは２００９

年。

最初はたまに映画を上映する程度。入場料と観客のカンパをすべて建物の改修費に充てた。その後、大手企業の支援などもあり、トイレの改修などもでき、今は入場客数もだいぶ増えてきた。

2014年からは上野迪音《みちなり》さんを雇った。上野さんは地元の高田高校を卒業後、横浜国立大学に入学、映画論を専攻した。世界館の企画、運営、広報など、ほぼすべてを一人で行っている。

上映する映画は、いわゆるミニシアター系が中心。ハリウッドの大作は郊外のシネコンで見られるし、DVDでもアマゾンプライムでも見られる。日本最古の映画館では、もっと偏った映画を上映したいと考えてのことだ。

最近のヒットは『人生フルーツ』。日本住宅公団で多くの団地設計を手がけた伝説の建築家、津端修一夫妻の日常生活を描いた映画だ。

夫妻はもう90歳前後。自ら設計した愛知県のニュータウンに住み、庭をまるで森の中の果樹園のように育てながら、悠々自適に暮らしている。その暮らしぶりが共感を呼び、全国的にヒットしている映画だ。高齢者だけでなく若い人にも人気だという。

私は津端修一夫妻に、ご自宅で２度ほどお会いしたことがある。津端さんの設計した、東京・杉並にあった阿佐ヶ谷住宅という名作団地に私が一目惚れをして、知り合いの建築専門家とともに本をつくったことがあるからだ（『奇跡の団地　阿佐ヶ谷住宅』）。だから高田でも『人生フルーツ』が人気だと聞いてうれしく思った。

また、私の昔勤めていた会社の後輩が、高田出身の女性と結婚したというご縁もある。東京に住む彼の娘が世界館を訪れ、夏休みの宿題に取り上げたのだが、これが面白い。

夏休みの宿題に取り上げられた世界館

「いつも行くシネコンとちがって、映画館らしくないなあ」と思った。「なぜならチケットがそぼくで、人が売っているし、それに人が一人でやっているからです」。「お客さんが０人のときもあるそうです。東京の映画館では３００人くらいがふつうだから、びっくりしました」という調子。
そうだよ、映画館は、昔は人間がチケットを売っていたんだよ。まあ、今でもミニシアターはそうだけどね。

映画館、カフェ、居酒屋などの連携

世界館では、映画上映だけでなく、新潟県のアイドル・Negicco（ネギッコ）のライブ、地元のアマチュアバンドのロックコンサートなど幅広い活動をしている。こうした活動により、単なる映画館としてではなく、地元の文化娯楽拠点として市民が親しめる場所になることを目指している。

また、２０１７年には、新潟県出身の漫画家・水森暦さんが、少女漫画雑誌「別冊花とゆめ」に連載した「世界は今日もまわってる」に、世界館をモデルにした映画館が登場し、上越市内の風景も登場したことで、ＳＮＳで全国に知られるようになり、一般雑誌の取材も増えたようだ。

２０１７年の「ジャンプ世界一マンガ賞」の応募作にも「高田世界館物語」という作品が

あったほか、NHKの番組にも取り上げられるなど、注目度は上がっている。

上野さんは、世界館の仕事だけでなく、高田の街を変えていったり、紹介したりすることにも熱心だ。また映画館を核として、カフェとか居酒屋などが連携しながら昼も夜も発展するといいなと考えている。

世界館の隣では、岸田さんが所有し、かつて事務所にしていた店舗を、カフェに貸した。その店名は「世界ノトナリ」（「セカイノオワリ」ではない）。

映画を見た後にはちょっと一休みしたくなるが、郊外化によって廃れた日本中の中心市街地には、映画館も喫茶店も少ないのが現状だ。高田も、市街地の映画館は世界館だけだし、喫茶店も少ない。百貨店もなくなってしまった。

なので、世界館が盛り上がり、隣接してカフェもできたのは大変よろこばしい。

「百年」をキーワードに

上越市には、世界館以外にも100年の歴史を持つものがある。料亭である。

前述の田端町は、江戸時代以前には、高田の隣の港町・直江津にあった福島城の城下町で

百年料亭「宇喜世」

あり、魚市場や卸し業が盛んだった。それが高田城築城に伴い、この地に移転したという。
田端町は、移転後も魚の販売権利を持ち、川の水運を通じて新鮮な魚を仕入れ、魚料理を供する料理屋、割烹料亭が多く誕生し、1970年代までは大勢の芸妓が行き交う粋な町として栄えた。
中でも料亭の「宇喜世」は、100年以上の歴史を持つ老舗である。江戸時代は魚の卸し業者だったようだが、19世紀中頃には仕出し屋となり、幕末から明治初頭に割烹料亭となった。
宇喜世では、2017年から「百年料亭ネットワーク」という活動を始めている。料亭としての歴史か建物が100年以上あるという条件で、全国の歴史ある料亭十数軒を組織したものだ。

料亭ではないが、上越市には、陸軍の師団長の邸宅が移築されて残っており、これも１０0年以上の歴史があるということで、「百年建築」をテーマにした観光資源開発ができないか、市として検討中だという。

前述の呉服町という町名からもわかるように、呉服の卸売・小売業が盛んだった高田には、明治時代にできた町家もまだ多く残っている。そのいくつかは公開されており、観光資源として活用され始めている。古い町家をリノベーションしたフレンチレストランも開店し、にぎわっている。

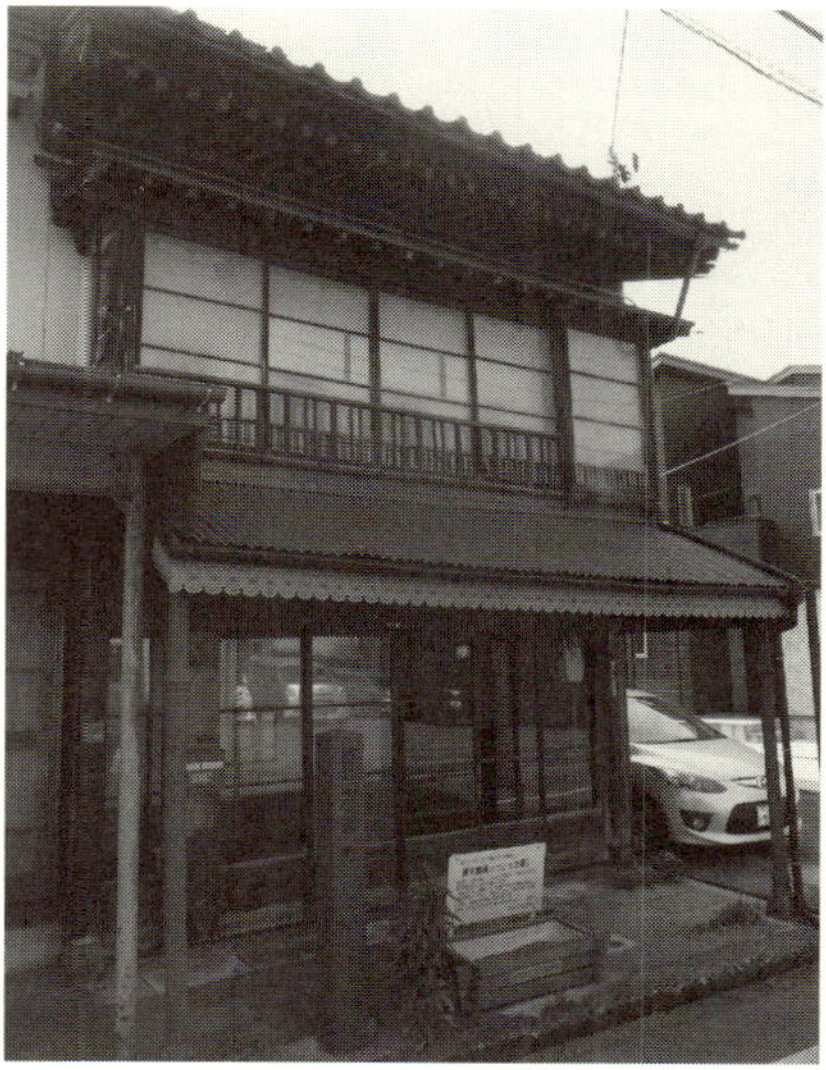
高田に多く残る町家

また、歓楽街である仲町の飲食店をネットワークした「高田仲町ランチ＋バル」や、高田と周辺の直江津・上越妙高・新井・北新井地区が協同した「じょうえつバル街」といった活動も始まっている。

都会の若者の地方移住が増えているが、高田にも他地域からの移住がちらほら増えているようであり、彼らがカフェを開いたり、古い町家をリノベーションしてシェアハウスや民泊施設をつくったりという動きも出てきた。

気質がおとなしく、対外的にアピールするのが苦手な高田人だが、超高齢化、人口減少が進む中、かつての繁華街としての歴史を踏まえながら、ようやく観光資源の発掘と宣伝に力を入れ始めているようだ。

もちろん北陸新幹線の開通により東京からのアクセスが2時間と短縮された効果も大きい。海外からのスキー客も増えている。

100年の歴史を持つ映画館と料亭と、新しいカフェやバルや民泊などが連携したまちづくりが期待される。

2-6　エロなおじさんを描くアラフォー女性

＃おじさんのどうしようもない業　＃女性を強い存在として描く　＃商品化されたエロではない

偶然描いたポスターで昭和路線に目覚めて

フェイスブックで偶然見つけたイラストに私は一目惚れした。あるようでなかった雰囲気。昭和レトロの一言では表し尽くせない何かがある。しかも作者の吉岡里奈さんは女性。これは興味津々。さっそく取材した。

吉岡さんは、美大の学生時代は違うタイプの絵を描いていた。しかし卒業してから別の専門学校に通っていたとき、目黒雅叙園の昭和っぽいイベントのポスターを友人から頼まれて描いた。

男と女の業を描く　©吉岡里奈

「これがとても評判が良くて、自分でも何だかしっくり来たんですね。以来、こういう絵をずっと描いています。」

私は昔の大映映画をよく見るが、そうした映画のワンシーンのような構図があると思った（口絵８ページ）。そこで、この昭和のエロスの絵のモチーフはどこから着想するのかを聞いた。

「あまり意識していませんが、雅叙園のときは、１９６０年代あたりの日本映画のポスターなどの資料をたくさん見て、ポスターを描いたんです。たしかに私は子供時代からその時代の映画を見るのが好きで、ポスターも本を通じてたくさん見ていましたし。若尾文子さん、好きです。」

やはりそうか。

「あとは、昔公衆電話ボックスにたくさん貼られていたピンクチラシとか、エロ雑誌とかをモチーフにします。」

今はスマホの中に風俗情報があるから消滅したが、昔は電話ボックスや駅のトイレに無数のビラが貼られていたものだ。それがイラストのヒントだというのだ。

どうしようもない人間の業を描きたい

渋谷など風俗店の多い地域で育ったのか？

「出身は川崎の南武線の武蔵小杉の向こうです。子どもの頃、街の中にまだピンク映画館がありました。そこを母と通ると、母が足早になりました（笑）。やはりそのへんに今の画風への影響があるのか、自分ではまったく意識しませんが、深層心理的にはそうかもしれません。ねちっこさというか、情念というか、どうしようもない人間の業みたいなものを表現したいですね。かつそれを暗くならずに、ポップに描きたい。」

落語みたいだ。

「そうそう。どうしようもない人間を明るく描きたい。」

女たちの夜
11月号★　特別調査　女たちが満たされる時
―私たちの夜はまだまだョ―
女性を強いものとして表現したい　©吉岡里奈

彼女は画風とは一見異なり、けっこうフェミニズム的な本も読むという。たとえば上野千鶴子の『発情装置』。吉岡さんが学生の頃は、女性が女性をどう表現するかといったことが、アートでかなりテーマになった時代だという。

「映画もそうですし、写真ではHIROMIX（ヒロミックス）とか、長島有里枝とか、ガールズ写真が出てきた時代で。私もほぼ同世代なんで、そのへんは意識せざるを得なかった。」

「それから私はマッチョが嫌いでして、ＤＶとか、男らしさや父権を誇る人が生理的にだめなんです。私の絵でも、実はおじさんを意地悪に描いていて、女性のほうが優位に立っているように描いているのです。」

たしかにそう言われると気づく。おじさんはひたすらいやらしいというか、かっこわるい。

「ピンクチラシでも普通のエロ写真でも、男性目線で表現されていますが、そうではない、女性の目線で描くとどうなるかということです。だから女性を強い存在として描いている。」

なるほど。だからか。彼女の描く女性はとても美しくて、官能的というか、やや太めで、つややかで、インドや南米の女性みたいに自然の生命力がある。単なる商品化されたエロではない、本当のエロスだ。

個展では女性客も多い。吉岡さんの意図に気づいている女性たちが増えていると思うと言う。

「テレビゲーム、デジタルアートは好きではありませんね。目が大きくて胸がでかいアニメとか、全然だめです。今のグラビア写真も嫌ですね。まったく女性が人形というか、性の対象として人工的につくられたもののように見える。昭和のエロは、たしかに男性目線でつくられているけど、生の人間としての女性がいる。」

現代の「カーマスートラ」

ところで、影響を受けたアーティストは誰なのか？

「横尾忠則さんを尊敬しています。横尾さんの高倉健のポスターとか好きで、かっこいい！と初めて思った作品ですね。他の俳優を描いたものも横尾さんにはありますが、そういうのも好きです。それから都築響一さんですね、やっぱり。彼の『ＴＯＫＹＯ　ＳＴＹＬＥ』を見たときは、普通の部屋を撮影しているだけなのに、なぜこんなに面白いのか！　って驚きましたし。」

私も、横尾さんも都築さんも好きだ。彼女の絵の雰囲気は、横尾さんの高倉健というより、お釈迦様とかを描いたインド、曼荼羅《まんだら》っぽい絵のほうが似ているのではないか。なまめかしくて肉感的なところとか。それから私はロックのサンタナのファンで、『ロータスの伝説』が愛聴盤だが、横尾さんが手がけたそのＬＰのジャケットを思い出した。

「そういえば今の画風になる前からインドの宗教画が好きでした。それつながりでインドカレーも大好きです（笑）」

みうらじゅんさんとも通じる気がする。みうらさんも横尾さんの影響があると思うし。インド風なところもある。サンタナのジャケットみたいなポスターもある。

「たしかに！　みうらさんもピンクチラシを集めてますから、私と通じます。それに横尾さんは、Ｙ字路とか滝が好きだったり、ＵＦＯにはまったり、マイブームの元祖みたいなところがありますね。」

吉岡さんの絵もちょっと宗教的だ。現代日本の「カーマスートラ」ではないかと私は思った。

第3章　郊外の夜の娯楽

3―1 「私は郊外に快楽を提供したい」というアラフォーママ（東京都町田市）

#屋台　#スナック　#小料理　#ホステス

ママが屋台を出した

東京・町田市の玉川学園は、教育思想をベースとして開発された理想的な学園都市である。だが、現在の少子高齢化と人口減少の波には逆らえない。２００２年には１万６９１０人だった人口は、２０１７年には１万６４５４人に３％弱減少。わずかとはいえ、今後への不安がよぎる。空き家も増えている。

なにしろ街は急な坂だらけである。65歳以上の割合はすでに3割を超える。高齢になると住みづらい。子育て期の世代にとっても、共働きをして保育園への送迎をするとなると、この地形が大変そうだ。

その玉川学園のまちづくり関係者から、私に講演の依頼が来た。行ってみると、素晴らしい街だ。そこで育った世代の街への愛着も強いようだ。

関係者の方に話を聞いていると、団塊ジュニアの女性が商店街の文房具屋の軒先を借り、椅子とテーブルを置いて「スナックつばめ」という店を出しているという。

私は、これからの郊外住宅地は女性も高齢者もいろいろな人が楽しく働けるワーカブルな場所になることが必要であり、働いた後にくつろげる夜の娯楽が必要であると主張しているが、まさにその良い事例だと直感した。

文房具屋の軒先で屋台スナック

スナックのママ、宇野津暢子さんは、3歳のときに世田谷から玉川学園に引っ越してきた。大学卒業後は雑誌の編集をした。その経験を生かし、今は子育てをしながら、ライターの仕事をしている。自主的に「玉川つばめ通信」というフリーペーパーを執筆、発行したり、玉川学園の商店街の冊子をつくったりと、地域に根ざした活動にも熱心だ。

文房具屋さんの前でおでんの屋台を出したのが、「スナックつばめ」の最初

でも、なぜスナック？

「小学校のPTA会長をしていたのですが、自分の子供時代には学校の前の文房具店で買っていたのに、業者から一括して買うようになったんですね。でもやっぱり地元の文房具店がなくなるのはイヤなので、文房具店を助けたいという気持ちもあって、ひらめいたのが『スナックつばめ』です(笑)。店先がワイワイにぎわっていたら、お店に来てくれる人も増えるかなと思って。それで文房具店の方に『月1回、店頭を貸してくれませんか？』ってお願いしたら、快くOKしてくださった。隣のスーパーでお酒とつまみを買って、午後の3時から9時まで椅子とテーブルを出して。」

なぜ「つばめ」かというと「毎年夏が近づくと、玉川学園前駅北口の階段下につばめが飛来し、巣をつくる。駅では巣の横に『温かく見守ってあげたいと思います。つばめのフンにご注意ください』という貼り紙をします。中学生の頃からその様子を見ていて、この街って鷹揚でいいなあと思っていたのです。それが私にとっての玉川学園のイメージだったので、フリーペーパーも『玉川つばめ通信』にしました。スナックに来るセクハラおじさんに、お前、若いつばめを囲う気だな！　とか言われて苦笑しましたが、そっちのつばめではありません！」

「場所がない」と叫べば、場所は見つかる

その宇野津さんも、私の講演会場に来ていた。そして私に質問をした。まちづくりをする上ではどんな活動をしたらいいのか、また、文房具屋の軒先では冬はスナックができないので、場所はどうしたら見つかるか、という質問だった。

私は、やはり老若男女が一緒に食べられる場所が必要だと思う、だからスナックつばめはとても良い、場所については、今この講演会場にいる人たちの中に、場所を貸してもいいという人がいるのではないかと、ある意味適当に、しかし結構確信を持って回答した。

そうしたら、本当にそこにいたのだ。以前は寿司屋だったが、今は福祉関係の団体が使っている場所を、年末、団体が仕事納めをした後に使ってはどうか、という提案だった。

宇野津さんは早速その話に乗った。そのスピード感がすごい。

そして、なんと暮れも押し詰まった２０１７年12月29日に、店を出すことになった。スナックではなく「小料理つばめ」。おでんと焼き鳥と、その他いろいろ出す。チラシをつくって街にたくさん貼った。

元・銀座のホステスも参加！

行きがかり上、私も29日に伺った。関心がありそうな仲間数名とともに。

まず建築家２人組の tomito。横浜の野毛山のほうで「CASACO（カサコ）」というコミュニティスペースをつくり、みずからもそこで「スナック tomito」を月１回開いている（拙著『東京郊外の生存競争が始まった！』参照）。

それから、鳩山ニュータウンの菅沼さん（３－２）。中央区新川で新しいビルを設計したＳｏｉ（ソーイ。４－１）。杉並区でコミュニティキッチンを企画・コーディネートしている齊藤志野歩さん（１－６）。さらに、所沢市でまちづくりをしている男性などである。

「小料理つばめ」に着いてみると、駅からは近くない場所なのに大盛況。１００人近くが押しかけて、宇野津さんに協力するママたち数名が、まるで吉本新喜劇のようにてんてこまいの状態だった（口絵５ページ下）。宇野津さんのこれまでの活動への共感を持っている人が、たくさんいるのだろうと推察された。

2017年末の「小料理つばめ」での宇野津さん（右）

後で聞くと、もともと宇野津さんの友達というわけではないが、この小料理屋のために初めて集まったママたちも多いという。それだけ、単なる日常ではないイベントにママたちが飢えているということではないか。

中には、元銀座のクラブのホステス経験者もいた。彼女は元プロとして、接客の仕事なら腕が鳴る！　といって参加した。だが、てんてこまいの様子を見て、もっと効率よく、かつ儲かるように店をやらないとダメだと、宇野津さんを叱ったとか。

正否はともかく、やはり郊外住宅地の中にみんなが集まれる、でも、市民センターではない、ちょっとした夜の娯

美人ママたちが揃った盆踊り

楽があることが望まれていることは明らかだと私は感じた。

郊外に快楽を提供したい

今回「小料理つばめ」をやってみて、どうだったか、感想を宇野津さんに聞いた。

「仕入れすぎてなんと赤字だった（笑）！　ですが、とっても楽しくて、ママたちって本当に頼りがいがあるなあと思ったし、お客さんも温かかったし、とにかく人がいっぱい来てくれてとても幸せでした。今後は玉川学園のさまざまな会場で、小料理つばめ、スナックつばめ、バーつばめ、駄菓子屋つばめ、つばめ婚活パーティなど、いろんな展開がしたい。路上、空き家、公園、空き店舗など、貸してくれる場所ならどこでも。

玉川学園にこういう場所があるんだ、と街の人に知ってもらうきっかけになればさらにうれしいし、私がすごく楽しい。私は郊外に快楽を提供したいので。」

その後、宇野津さんらママたちは、スナックはもちろん、お花見で屋台をたくさん出したり、70年ぶりに「玉川音頭」という盆踊りを復活したりと、まちづくりに活躍している。

重要なのは、彼女たちが皆、子供を2～4人育てながら、自由業、自営業、ビジネスパーソンとして働くママたちであるということ。すべてにアクティブなママたちが、自分で、自分のために、そして街のために夜の娯楽をつくっている。

3—2 空き家に住み、流しと屋台で歌う東京藝大OG（埼玉県鳩山町）

＃ニュータウン　＃昭和歌謡　＃喫茶　＃空き家　＃スナック　＃屋台　＃流し

ニュータウン再生のための空き家活用

気鋭の建築家で東京藝術大学准教授の藤村龍至さんが、埼玉県郊外の鳩山ニュータウンの空き家を改造してスナックをつくった。

藤村さんも、埼玉県所沢市のニュータウンで育った。現在はコミュニティ・アーキテクトとして、全国各地でコミュニティの創生を担う施設の設計をしているが、埼玉出身ということで埼玉県内の自治体の仕事も多い。

鳩山ニュータウンもそのひとつだ。鳩山ニュータウンは、すでに人口の45％が65歳以上。

自然の豊かな鳩山ニュータウン

空き家も多い。そこで藤村さんの設計事務所では、ニュータウン内の公共施設の管理を委託管理者として受託し、積極的にニュータウンの再生に関わろうとしているのだ。

しかも、その再生の一環として空き家を使い、家の一部をリノベーションしてスナックにしたのである。住宅地なので正式にはスナックとは言えず、「ニュー喫茶」という名称だ。

藤村さんというと、理路整然とした論客であり、その彼がニュータウン再生のためとはいえ、スナックづくりをするとは驚いた。「これくらいのインパクトがないと、ニュータウン再生はできないと思ったんです」と藤村さんは言う。

スナック、じゃなくてニュー喫茶を経営するのは、菅沼朋香さんというアーティストと、そ

菅沼朋香さん（右から２人目）とトヨ元家さん（右から３人目）

のパートナーのトヨ元家さん。菅沼さんは、藤村さんが教鞭を執る東京藝術大学の修士課程に在籍していた。その修了制作展で、藤村さんが菅沼さんの作品を見て、彼女を鳩山ニュータウンにスカウトしたのである。

その作品とは、「スナック幻」という名の屋台を引いた彼女が、地方に移住をしたいというものだった。そう書いても何だかわからないだろうが、これを理解するためには、菅沼さんのこれまでのヒストリーを知る必要がある。

昭和歌謡が心に染みた

菅沼さんは、名古屋市の美大を出てから、

同市の求人広告に掲載されていた広告代理店に入社。しかし、ちょうどリーマンショックが起こり、受注が一気に減った。彼女は営業職で忙しく働き、寝ても覚めても仕事のことばかり考えていた。

「私は名古屋郊外のニュータウンのサラリーマン家庭に生まれたんで、会社勤め以外の働き方を学んでこなかった。正社員として会社に勤めることこそが美徳だった」と菅沼さんは言う。

入社3年目には精神状態が悪くなった。そんな中、「昭和喫茶にて。」というCDに出合った。心に染みた。仕事の合間に古い喫茶店に行くようになり、そこで癒された。時が止まったかのようにゆったりと時間が流れる空間、客のとりとめのない世間話、効率化とは程遠い経営システム。今日より明日が明るいという空気感があった、高度経済成長期にも関心が芽生えた。

ニュータウンも高度成長期の産物だが、企業城下町であり、均質で、人工的で、お店もない。そんなニュータウンに、菅沼さんはずっと違和感を持っていた。

就職して初めて一人で住んだのは新築マンションだったが、高度成長期の魅力に目覚めてからは、名古屋市の円頓寺《えんとうじ》という古い商店街にある喫茶店の2階に引っ越した。商店街にあるお店の、何十年も置きっぱなしでほこりをかぶった商品にも味があった。

代理店も辞めた。出身大学の助手として働きながら、アーティストとして活動し、名古屋の繁華街、錦のスナックのホステスとして4年間バイトをした。そこで客が歌う高度成長期の歌謡曲を憶えた。

郊外再生にはインパクトと発信力が必要

菅沼さんは、作品制作のための広い空間が欲しいので、地方への移住も考えていた。

「どうしようか迷って占い師に占ってもらったら、屋台をやれと言われた。屋台なら、場所は取らないし、自分の作品を見せられる。そういう屋台がたくさん集まれば街が面白くなるだろ?　って。」

アートイベントの企画コンペに応募して屋台をつくった。それを見た建築評論家に招待され、国際芸術祭に作品を展示した。そして、東京藝術大学の先端芸術表現専攻に入学。屋台が人生を変えた。

研究をしつつ2台目の屋台をつくった。その屋台は物を売るのではない。スナックだ。店名は「幻」。だが酒は出さない。

「幻を売る屋台です。高度成長期も今は幻だから」と言う。

それが藤村さんの目にとまった。彼は菅沼さんに、鳩山ニュータウンの空き家への移住を勧めた。

「彼女を見て直感しました。彼女の発信力に期待したんです。彼女は全身で自分の世界をつくっている。映像も歌も屋台もポスターも。そこに迫力があった。」

鳩山の公共施設の指定管理者となる藤村さんの会社に、彼女を社員として採用し、管理者としての仕事をしながら、空き家をスナックにして、その他のアーティストとしての活動も行えばいいと藤村さんは考えた。

ニュータウンで「流し」をして歌う

実際、菅沼さんと元家さんは、夕方になるとニュータウンの中で「流し」に出る。酒屋の店先に椅子とテーブルが出て、常連さんが十数名集まる。そこに行って、ギターを弾き、歌を歌うと、客がお酒やつまみをおごってくれる。すっかり地域に溶け込んでいる。まるで昔

「流し」で歌う２人

の商店街や飲み屋街のような光景が広がった。

ニュータウンから出たかった菅沼さんは、今またニュータウンに戻ってどう思っているのか。

「ニュータウン、いいです！（笑）。都会には都会の良さがあるけど、やっぱり家賃が高いし、人間的なものを疎外する部分もある。作品制作のためには広い場所が欲しいので、都会暮らしには無理がある。だから地方移住も考えたのですが、鳩山なら都心にもすぐに出られるし、自然は多いし、のびのび制作活動ができますね。」

すっかりニュータウン出身者に先祖返りしたようだ。

たしかに、人工的なニュータウンも40年の歴史を経て、住人も高齢化し、なごみや癒しや人付き合いを求めるようになったという時代の変化も背景にあるだろう。若い現役世代のバリバリ働く社員が住み、子供は受験戦争、という時代のニュータウンでは、空気が張り詰めていただろうが、今は庭の緑も育ち、家も古びて、犬の散歩をする人たちは、なんだかとてもゆったりとしている。

そこに夕方から飲む場所ができて、流しも来るのだから、閉鎖的になりがちなニュータウンに、まさに風穴が空いた感じだ。

3―3　退屈なニュータウンの自宅兼事務所をスナックにする（東京都多摩市）

＃シャッター通り　＃空き店舗　＃公園が恐い　＃夜の娯楽　＃スナックに来る母親

シャッター通りにスナック誕生！

多摩ニュータウンに新しい場所ができた。と言っても、巨大ショッピングセンターでもタワーマンションでもない。スナックだ。

カラオケスナックではない。若い建築家3人が、多摩ニュータウンの団地の中の古い商店街の空き店舗に事務所を開いた。そのスペースを、地域の中や外のいろいろな人たちが集まれる場所にしよう、夜はスナック、と言ってもお金を取る営業はしないが、軽く飲食をしながら、楽しく語らおう、ということで、そこを「建築スナック」と名付けたのである。

だからスナックという店舗があるのではなく、あくまで一時のパーティが行われる場所としてのスナックである。

建築家3人とは、横溝惇《あつし》とそのパートナー、そして元同僚だった渡辺真元《まさゆき》である。私は彼らと、2018年1月に行われた「多摩ニュータウン再生プロジェクトシンポジウム」で出会った。同シンポジウムで私が講演をし、それを聴いていたのが彼らだったのだ。

近年、私は郊外再生のひとつの方策として「夜の娯楽」をつくることを提案している。だからそのシンポジウムでも、これからの郊外にはスナックのようなものが必要であり、その萌芽が見られるから、「郊外スナックネットワーク」をつくろうと思うと発言した。

その発言に反応したのが上記の3人だったのだ。

郊外ニュータウンの前提の見直しが必須

郊外は、1960年代に計画されているため、男性が都心に働きに行き、女性は家で家事と育児をするという、性別役割分業を前提として設計されている。だから、昼間に母親と子供が健康で健全に暮らせることが重視され、緑や公園が充実するようにつくられた。

それはそれでいいことだが、時代が変わり、女性も多くが大学を出て、企業などで働くようになり、出産後も男女ともに子育てしながら働くようになった。それは郊外の設計の大前提が180度変わったことを意味する。

また、最初に郊外に移住してきた団塊世代以上の世代はすでに高齢者となったが、昔の高齢者とは異なり、まだまだ健康で、ある程度働ける人々が増えた。生き甲斐や年金の足しにするために、高齢者も働き続ける社会と街をつくらないといけなくなった。

このように、女性も高齢者も働く人が増えると、どうしたって仕事の後に軽く一杯やろうじゃないか、ということになるはずだ。

ところが郊外には、画一的なファミリーレストランや居酒屋などのチェーンしかない。もっと個人的な店で、子連れでも入れて、少しはお酒も飲めて、おいしい料理が食べられて、という店が住宅地の中にあることが、今後は求められるはずだ。

私は、注目を惹くために「夜の娯楽」という誤解を招きやすい表現をあえて使っているのだが、これから必要なのは、男性のために女性がサービスするだけの昔の夜の娯楽ではない。女性が楽しむ、子連れでも楽しめる、新しい夜の娯楽である。

ニュータウンの女性と子供のための娯楽と言えば、公園と遊園地とテーマパーク、という固定観念も捨ててほしい。男性並みに働き、夜も、酒だ、焼き鳥だ、ホルモンだと飲み食いしてきた今の時代の女性が、結婚し、子育て期に入った現代という時代における夜の娯楽である。

住宅街にもお店をつくりたい

私の「郊外スナックネットワーク」という言葉に反応して、会場から意見を述べたのが横溝さんのパートナーの女性だった。「こんな面白いおじさんがいるのか⁉」と思ってくれたらしい（笑）。

「多摩ニュータウンでは、お店は駅前かロードサイドにしかない。住宅街に入ると、住宅しかない。夜は街路は暗い。公園は恐い。もっと住宅地の中にもお店をつくってほしい」というのが彼女の発言だった。

夜の街路が暗いのも、帰宅する男性しか歩かないことが前提となっているからだ。「落合横丁」という横丁が、25年くらい前に多摩センター駅近くのビルの地下につくられたが、それも夜に帰宅するのは男性しかいないという前提で、駅近くにつくられたのである。

たとえば吉祥寺なら、駅から住宅街に至る街路に沿ってお店があり、閉店後もシャッターを閉めない店が多いので、夜遅くまで明かりが漏れ、道を照らす。女性が一人でも楽しく安心して帰宅できるのだ。吉祥寺が住みたい街の上位であり続ける理由のひとつは、そういうところにもあるのだが、意外に気づかれていない。

逆に言うと、多摩ニュータウンなどの郊外は、昼間、現役世代の男性が歩いていると不思議がられる。失業したか、フリーターか、下手をすると不審者かと疑われる。現役世代は都心に働きに行っているはずだからだ。

だが、吉祥寺、西荻窪、高円寺などの中央線沿線の街は、昼、大の大人の男性が歩いていても不思議がられない。仕事をせずにぶらぶらしている30〜40代の男性がいても、いっこうに違和感を覚えない。そういう点でも、郊外ニュータウンが性役割分業の空間であることがわかるが、その固定観念を打ち破らなければ、郊外は衰退し続けると思う。

建築スナックを開き、ニュータウンを語る

彼ら3人は、シンポジウム終了後、会場の出口で私を待ち伏せしていたらしい。だが、う

ニュータウンの空き店舗に「建築スナック」開店

まく会えず、メールをしてきた。

「郊外スナックネットワークにはわくわくする、ぜひわれわれもやりたい。ちょうどさびれた商店街の空き店舗を借りて事務所にして、2階に住んでいる。事務所を使ってスナックをやりたい。一度見に来てほしい」といった内容だった。

私は即座に「いいですねえ。ぜひやりましょう。建築スナックですね。せっかくだから、同じようにスナックをしている建築家や、玉川学園のママたちも呼びましょう」ということで、2018年3月17日にみんなで集まった。

私の声がけで集まったのは、中央区新川の建築集団Soiの大和田さん（4－1）、建築集団 tomito の伊藤さん（拙著『東京郊外の生存競争が始まった！』参照)、玉川学園のママたち（3－1)、ニュータウンを研究する学者など15名ほど。横溝さんのほうも、地元つながりで10名ほどの若い世代を集めてくれた。

最初の予定では、私や建築家によるトークショー形式のイベントにしようかと思っていたが、みなさん三々五々集まってきたので、そうはならず、最初から飲み始めて、ある程度人数が集まったところで、自己紹介をしてもらった。それがむしろ面白かった。

田舎育ちで、結婚して夫の実家のある多摩ニュータウンに引っ越してきて、最初は人工的な環境に違和感を覚えたが、今は公園も広いし、子育てにはいいなと思っている女性。中京圏のニュータウン育ちで、ニュータウンが嫌いで古い商店街に住んだこともあるという女性（3－2の菅沼さん）など、みんなが、何も事前打ち合わせをしていないのに、ニュータウンと自分の関わり、その心理を語り始め、どれも興味深い内容だった。

古くて新しいシンポジウムの形

この前のニュータウンシンポジウムよりも、こういう若いみんなの実感のある話をたくさん聞けたほうがよっぽどいいよ、と私は横溝さん夫妻に話した。

玉川学園のママたちも建築スナックにやって来た

シンポジウムの語源は、一緒に（syn）飲む（posis）、つまり宴会という意味である。プラトンの著書『饗宴』がまさにシンポジウムである。

『饗宴』では、宴会に集まった人々が愛の神、エロースについて互いに好き勝手に話す。そこにソクラテスが登場して問答をして、論点を絞り込み、議論を発展させ、愛の本質に迫る。まずはいろいろな意見を自由に話すことが大事だ。

特にニュータウンの今後を考えるときは、住民の意見をいかに取り入れるかが重要だ。そのとき、ずっとニュータウンに住んできた高齢者も大事だが、人口減少に悩むニュータウンとしては、ニュータウンを出ていってしまいそうな若い世代、あるいはニュータウンに戻ってきたり、新たに入ってきたけど不満を持っているもっと若い世代の意見を聴くべきだろう。そうしないと、会社と同じで年長者の意見ばかりが尊重されがちになるから。

そのためには、立派な会場の壇上で「有識者」が堅苦しい話をするよりも、みんながフラットな場所に集まり、やっぱりちょっと酒を飲んで心を開き、それこそスナック菓子でもつまみながら話すほうが、実は面白い本音がたくさん聞ける。

節度のある飲み方をする今どきの若い世代は、酔っ払ってくだを巻くこともないので、こういうスナックはとても良い。今回の建築スナックは大成功だったと思う。

世界の郊外展

その後、建築スナックの3人と私は仲良くなり、私から、多摩ニュータウンにふさわしいイベントとして、郊外についての展覧会を開催できないか提案した。何度か打ち合わせた後、日本だけでなく、世界の郊外についての資料を集めて展示してはどうかということになり、2018年7月から「世界の郊外展」を1年間の長期にわたって開催することになった。

私自身が、過去30年間郊外を研究してきたので、東京を中心とした郊外、英米を中心とし

「世界の郊外展」の様子

た世界の郊外の資料、本は集めている。欧米にも何回か行ったので、郊外住宅地の写真もある。まずはそれらを展示し、私が講演会をするところから「世界の郊外展」は始まった。

ニュータウン内でパン屋をしている女性や、ヨガ教師の女性も、「世界の郊外展」だけでなく、建築スナックの活動に協力してくれるようになった。

講演の後は、懇親会が建築スナックとして開かれ、その後、彼らと私とスタッフで本物のスナックに行って打ち上げをした。そのスナックには、男性客だけでなく、ある程度子供が大きくなった母親たちも来て、楽しそうに過ごしている。母親だからずっと家にいて夫の帰りを待つ、という時代ではないのだ。

多摩ニュータウンにスナックがあるというイメージは弱いが、実は何軒かあるらしい。それらのスナックをみな回ってみよう、ということにもなった。

また、夜の8時から朝の5時まで開く喫茶店が、多摩ニュータウンにできたばかりであることもわかった。もともとスナックだった店を、30代の元バーテンダーのイケメン男性が居抜きで借り、お酒は出さず、おいしいコーヒーと紅茶だけを、元バーテンダーらしくちょっと気取って出してくれるという店だ。これが繁盛している。

静かな店なので勉強をしに来る女子大生もいて、店の様子をインスタグラムにアップするので、若い女性客も増えているという。スナックのママや客が、閉店後に流れてくることも多い。あっという間に地元に根付いたようだ。

こうした例から見ても、郊外に夜の娯楽が必要だという私の説は、絶対に正しいと確信しているのである。

3－4　街道沿いの宿場町を再生する（東京都青梅市）

＃商店街　＃空き店舗　＃移住　＃自転車　＃クラフトビール　＃ゲストハウス　＃

ロン・カーター

過剰な開発がなかった街

青梅に行ったことがある人は少ないだろう。青梅特快でも、東京駅から75分。新宿からでも60分。たしかに通勤圏だが、八王子、高尾方面ではないし、市民でなければ青梅マラソンに参加する人くらいしか行ったことがなくて当然だ。

かく言う私も、青梅に行ったのは2年前が最初である。街中を映画看板で飾ったり、赤塚不二夫の博物館があったりということで、10年以上前から、いつか行こうと思いながら、ずっと行かなかった。やはり自宅のある吉祥寺からは遠いし、ついでに寄るという場所でもないからだ。
あるとき、知り合いの建築家から、三浦さんに紹介したい人がいると言われた。それでお会いしたのが、青梅のまちづくりで活躍する國廣純子さんだった。

國廣さんは、慶應義塾大学卒業後、日銀に入社、その後、建築設計事務所、中国での地域開発などの仕事をしてきた、というちょっと変わった経歴の持ち主だ。

中国から帰国後、知人に、青梅市が街の活性化のために働くタウンマネージャーを探している、応募してみないかと誘われ、応募した。中国で地域づくりができるなら青梅でもできるだろうと言われ、即、嘱託のタウンマネージャーとなった。２０１３年のことである。

格好のコネクションができたので、14年5月、私は初めて青梅を訪問。以来、6度訪問した。

都心から遠いためか、青梅は過剰な開発がなく、江戸、明治以来の蔵のある町家が残っている。それだけでなく、昭和30年代、40年代的な店も残っているのが、青梅のいいところだ。

古い町家や昭和の商店の空き店舗を使い、國廣さんは、株式会社まちつくり青梅という市街地再生の専門会社を通じて、「アキテンポ不動産」という事業も進めている。

ツーリングやクラフトビールの拠点づくり

青梅駅前にアキテンポ不動産のショールームがあり、そこで物件を探す。ホームページやSNSでも閲覧できる。気になる物件があれば随時スタッフが案内するが、毎年定期的に行われる見学会も、街のさまざまな情報紹介を聞きながら複数の物件を見て回ることができるということで、人気を博している。

これまでに、9店舗が埋まった。アキテンポ不動産の事業を通して直接手掛ける店舗数は少ないが、相乗効果も相まって4年間で同エリアに71軒の開業を達成している（ちなみに閉業は50軒）。まだまだこれからだが、手応えは少しずつあると國廣さんは言う。

そのひとつが、ロードバイク&ビールバー「サイクルハーバー青梅」。青梅は多摩川の渓谷の風景を楽しめるので、川辺でバーベキューをしに来る人も多いが、山の中を自転車でツーリングしに来る人も多い。だが、都心のほうから自転車で青梅まで来るのでは大変である。

そこで、青梅に自転車を預けておいて、青梅までは電車で来る。青梅からツーリングを始めれば秩父まで行って帰ってこられるという。山の中のツーリングを満喫できるのだ。そして、バーでシャワーを浴びてビールを飲む、という仕掛けが、このロードバイク&ビールバーだ。50代の自転車好き兄弟が立ち上げ、弟ご一家はこれを機に青梅に移住したそうだ。

50〜60代は転入超過

アキテンポ不動産を介さなくても、最近は青梅市外から青梅市に店を開く人も増えた。

蔵のあるおもちゃ屋さんは、東京都の登録有形文化財であり、かつ青梅市の景観形成重要資源だが、２０１６年にゲストハウスに変わったし、居酒屋だった店（ビルの1階）は、吉祥寺で飲食店を経営する青梅出身の男性が、アンティーク専門の英国家具店に変えた。

元かばん店だった住居併用の町家を、30代の移住夫婦が、諸国工芸と布を製作販売するKANNO TEXTILEに改装した。

また、元材木問屋だった化粧品店の町家を利用して、地元の若手の酒販事業者が、２０１8年4月にクラフトビールバーをオープンさせた。奥多摩のビール醸造所と提携し、青梅のオリジナルビールが飲めるほか、地元有機農家から仕入れた野菜メニューが充実。早くも地域内外の女性客に人気を博している。

空き店舗をリノベーションしたクラフトビールの店

青梅市の人口は、2007年8月の14万186人から、2018年7月は13万4549人に減っている。しかし、50代、60代の転入者は転出者より多く、定年後のゆったりした暮らしを求めて移住者が少しずつ増えているようだ。若い転入者もだんだん増えてきた。実際に行ってみると、私もセカンドハウスを持って、週末暮らしなどをしてみたくなる。

毎年、ロン・カーターがやって来る！

さて、この青梅に、実は16年も前から伝説のジャズ・ベーシスト、ロン・カーターが毎年ライブにやって来る。マイルス・デイヴィスの下で一世

ジャズのレジェンド、ロン・カーター（中央）は毎年青梅のお寺でコンサートを開く

を風靡した、あのロン・カーターだ。かつて彼が来日公演をするときの呼び屋さんが、青梅出身だったというつながりらしい。
会場は、青梅街道から多摩川べりに南下する坂道の途中にあるお寺。そのお堂の前で、ギターとドラムとベースによるトリオの演奏が楽しめるのだ。
大々的に宣伝はしていないので、地元を中心に口コミで客が集まる。それでも200人を集客。入場料はたったの5000円。それで、まさにレジェンドであるベーシストを目の前で見ることができるのだ。
國廣さんに誘われ、私も2018年7

月にライブを聴きに行った。かぶりつきの特等席。と言っても座布団。目の前に長身のロン・カーターが立つ。私もその他のお客さんも「おー、本物だあ」と感動。いやあ、奥多摩の郊外の夜にこんな娯楽があろうとは。もう大満足だった。

第4章　新旧をつなぐ

4－1 現代の長屋をつくる（東京都中央区）

＃事務所兼住居　＃地域社会との関係を設計　＃地方と東京　＃ビジネス面でも個人的なつながりの面でもチャンス　＃仕事をつくる　＃郊外化する都心　＃子供も一緒

大手デベロッパーはお金がかかる割には面白いアイデアが出ない

中央区は近年、人口増加、出生数も増加で、16万人以上の人口を有する。至るところにマンションが建ち、既存の住民に加えて、若い夫婦や子供がいる世帯、あるいは一人暮らしなど、多様な人々が新規に流入してきた。

そういう流れの中で、建築家の大和田栄一郎さんと井上湖奈美さんの２人組からなるＳｏｉ（ソーイ）が、２０１７年12月に完成させた中央区新川の明祥ビルは、21世紀の長屋ともいうべき面白い試みだ。

明祥ビルは、もともと印刷会社の本社ビルで、最上階の５階に経営者の自宅があった。ビルが古くなったので、別の活用方法を考えていた経営者の小森洋一さんは、大手デベロッパーに相談したが、お金がかかる割には面白いアイデアが出ないことが不満だった。

そこで相談したのがＳｏｉだ。

最初はコンサルタント的な位置づけでビルの再活用プロジェクトに関与していたＳｏｉだが、結局、小森さんは大手デベロッパーに見切りを付け、Ｓｏｉに設計を依頼することにした。

Ｓｏｉは、さまざまなアイデアを検討した結果、Ｓｏｉ自身がこのビルに事務所兼住居を移転する案を思いついた。

地方出張が多いＳｏｉにとっては、東京駅まで歩こうと思えば歩ける新川に拠点があることは、それまでの渋谷区千駄ヶ谷を拠点とするよりもずっと便利だった。

しかし、ただ自分たちが移転するだけではつまらない。あと４フロアをどうするか。どうせなら、地域に開かれた拠点にしたい。千駄ヶ谷でも彼らは神社で「せんだがやタウンマーケット」を開くなど、単に建築を設計するだけでなく、地域社会との関係を設計することを自分たちの大きな役割だと考えていた。

そこで、明祥ビルでも、ビルに入居する人たちが、新川の既存住民（その多くは商店や町工場の経営者である）と、新しい良い関係を築けるようなプランを考えることにした。ビルを単に住居やシェアオフィスにするのではなく、そこに住んで働く人を中心に集めようと思った。Ｓｏｉ同様、都心に拠点があることは、さまざまな人たちにとってビジネス面でも個人的なつながりの面でもチャンスをもたらす。そういうチャンスを生かしたい人たちを、借り主として入居させることにしたのだ。

自分たちの事務所をみんなに開く

そう考えると、５階にあるＳｏｉの事務所兼住居にも、工夫が必要だった。考えた末、事務所自体を、他の４フロアの住民にオープンにすることにした（それ以外にも知人や協働するクリエイターにもオープンにして、レクチャーやイベントを行う場合は、レンタルスペースとして貸し出す）。

間取りを、マンション風に言えば１ＬＤＫにして、「１」の部屋は、Ｓｏｉの２人だけのプライベートな部屋にする。しかしＬＤＫの部分は、窓際のスペースだけを自分たちの事務所にして、ダイニング、キッチン、バス、トイレはみんなでシェアすることにしたのだ（口絵5ページ上）。

もちろん各フロアにもトイレはある。シャワーが付いたフロアもある。しかし湯船のあるバスはここだけである。そこをみんなで使う。キッチンも、住民が好きなときに料理をする。ダイニングは食事だけでなく、打ち合わせ、接客などに、Ｓｏｉも他の住民も使う。

屋上もみんなのために積極的に活用する。洗濯機をシェアし、バーベキューパーティなどを屋上で行う。

1階のカフェの一部は、ギャラリーのようにしつらえてあり、そこで地域との交流を促進するようなイベントを仕掛けていくつもりだ。

こういう場所が欲しかった！

また、Ｓｏｉのダイニングでは、毎月1回住民みんなが集まる食事会を開いている。食べ物は持ち寄りである。食事会にはオーナーの小森さんが来ることもあるし、近くの老舗酒屋

近所の酒屋さんも大喜び（左）

の今田商店の奥さんも、毎日３、４回来るほどこの場所が気に入っている。

「こういう場所が欲しかったの！」と今田さんは言う。大阪から今田商店に嫁いで数十年。昔ながらの下町の雰囲気を知っている。何しろ新川は、江戸時代以来、隅田川の水運を利用して酒問屋が川沿いに並んでいたのである。今も、門前仲町の富岡八幡の御輿《みこし》が通る。そういう歴史のある街なのだ。

　だが、次第に店が減り、工場が減り、住民が減り、今は、マンションが増えて人口は増えたが、それだけじゃあつまらないと、今田さんは感じていたに違いない。なんかこう、昔の賑わい、人同士のつながりが実感できるような場所が欲しい。そう考えていたのだ。だから明祥ビルのリノベーションは、願ったりかなったりだったのだろう。

　さて、４フロアの住民のほうだが、これまでＳｏｉがいろいろな機会に出会ってきたデザイナーなどに声をかけることにした。かつ各部屋はスケルトン（壁と床と天井と配管だけの状態）で引き渡し、住民自らがＤＩＹで、自分の好きなように床を張ったり、壁紙を貼ったり、貼らなかったり、好きな什器を入れたりしてもらうことにした。

１階は前述のようにカフェ。２階は、九州の八女《やめ》市で活躍する地域文化商社が経営するショップ。その商社は、もんぺは日本のジーンズである、というキャッチフレーズで、新しいファッションとして久留米絣《かすり》を使用した現代風もんぺを提案している。また、九州各地のものを中心に、衣服、座布団、クッション、食器など、地方の産品を売っている。

これは長屋だね

２階にはもう１区画あり、山形から来たデザイナーの女性がここに住みながら、衣服をベースにしたプロダクトを含む、ものづくりの活動をしている。ものづくりの拠点は山形だが、販路や事業の広がりを都会に求めて、入居を決めた。

３階も２区画に仕切られている。１区画目は、ジュエリーブランド２業者のシェアアトリエと予約制のショールーム兼ショップとして機能している。

両ブランドのデザイナーは、美術大学の同期。お互い、都心での活動拠点を探していると

山形から来たデザイナーの店（上）と八女市の商店（下）　© Soi

親子で住み、かつ仕事場として使う　© Keita Otsuka

きに知人を介してこの物件に出会った。自由にブランディングできる空間、制作空間として適しているスケルトンスペースが決め手だった。

また、中央区という立地はファッション業界にとって将来性もあり、実際にバイヤーやエンドユーザーにも案内しやすくなったとのこと。加えて、ジュエリー制作には火を使うので、使える場所が限られる。明祥ビルのアトリエはコンクリート打ちっ放しで使っているので、その点は大丈夫だ。

もう１区画のスペースは、写真家の夫とイラストレーターの妻の夫婦で、１歳の子供と住みながら働く。知り合ったきっかけは、前述した千駄ヶ谷タウンマーケットである。彼らは床を張る作業を自分たちで行った。よちよち歩きの

1歳の息子は、住民みんなのアイドルだ。

4階は、靴のデザイナーの工房兼住居。かなり立派なキッチンもしつらえられている。今までは渋谷に住んで、板橋の工房兼教室に通っていた。また、教室で靴づくりを教えているし、他の仕事などでも都心に頻繁に通っていた。そういう意味で、工房兼ショールーム兼教室兼サロン兼住居が新川にできたのは、やはりとても便利だという。

建築的な面白さで言うと、2階、3階の4つの部屋は、ビルの入り口から階段を上がり（エレベーターはない）、普通の鉄のドアを開けると、廊下があって、その廊下に面してガラス張りになっている。だから、ビルの中に商店が並ぶ形になっている。

しかも、その奥で商品をつくったり作業をしたり寝泊まりしたりしているわけだから、まさに長屋みたいなものなのである。実際、このビルを見た地元の人は、「これは長屋だね」と言ったという。

長屋や商店や中小の工場が密集していた昔の新川を思い出させる役割も、明祥ビルは果たしているのだろう。本当の長屋などの木造の建物を残すのではなくても、現代的な長屋ができることで、新川という街の歴史と個性を受け継いでいるとも言える。

仕事をつくる

関東大震災の後、復興のために設立された財団法人同潤会は、表参道や代官山に鉄筋コンクリートのアパートをつくっただけでなく、赤羽、荏原、砂町、千住緑町、大田区千鳥町などに、職工向けの分譲住宅をつくった。

また、赤羽、荏原、砂町、善福寺などにつくった「普通住宅」と呼ばれる、今で言うメゾネット形式の住宅にも、職人がそこに住んで働くことを前提とした職住一致型の住宅を用意した。つまり住まいだけを復興させたのではなく、仕事、生業《なりわい》の復興ができるようにしたのだ。

さらに、代官山や江戸川橋のアパートでは、共同で使う浴場や娯楽室や図書室などをつくっている。都市の中に一緒に住み、働き、文化的な活動もすることを狙ってつくられたのである。

東京府も、震災後に店舗向け住宅というものを分譲している。清澄白河の大通り沿いにある商店街がそれだ。

こうした動きは、戦後途絶えた。みんなが「独立専用住居」としてマイホームを買い、住居と職場は分離された。都心の工場や商店で働いていた人たちも、郊外から通勤するようになった。都心の夜は空洞化し、にぎわいがすたれ、人間関係も薄れた。

マンションが増えて、地域と関わらない人たちも増えたが

今、中央区などの都心に人口が急増している。だからといって、その人々の暮らしぶりは、都心に住むことのメリットを生かし切っているとは言えない。家族だけで閉じて暮らしている。地域と関わらない人が多い。だとしたら、郊外の一戸建てが、都心のマンションに変わっただけで、たしかに銀座や日本橋は近くなったけれど、ライフスタイルとしては郊外暮らしとあまり変わらないだろう。

ただ物理的に都心に住む、ということだけではなく、「都市」に住むということをもう一度考え直すことにつながらないといけないだろう。

大和田さんは言う。

「僕は建築家だけど、建築を設計するというだけのことには興味がなくて、建築を取り巻く

人間関係、地域との関係、それからお金の回し方、ビジネスモデルまで含めた設計をしたいと思っているんです。だから明祥ビルも、極端な話、建築雑誌に出る必要はなくて、もっと別の注目のされ方をしたいんです。」

下町の雰囲気が受け継がれる

このプロジェクトの面白さは、このビルの経営の仕方にもある。

前述したように、大手デベロッパーに頼んでいたときは、リノベーションに1億円かかると言われた。それをＳｏｉは約６０００万円で行った。すると設計料は６００万円程度だが、それをＳｏｉは受け取らなかった。その代わり、５階に住む家賃をただにしてもらったのだ。家賃を払うとすれば、年間２００万円ほどである。だから3年住めば、設計料はペイする。その後も住み続ければおつりが来るのだ。

かつ、入居者の募集・選定、各入居者占有スペースと共有スペースの空間ディレクション、企画や運営も含めたビルのブランディング業務として、設計料＋管理料という形で契約している。これで5年分のテナント家賃と相殺。

オーナーからすれば、設計料と5年間の運営管理費に加え、ディレクションする人材の人件費も同時に支払い済みという意味では、普通の不動産会社や設計事務所に頼むよりはずっと安い。

こうしてSoiから見ても、オーナーから見ても、入居者から見ても、地域住民から見ても、ハッピーなビルの再生が実現したのだ。

靴をつくったり、ジュエリーをつくったりする音や光や熱や匂いは、さすがに昔の下町のように、ビルの外に漏れてくることはないだろう。しかし、そういう時代の下町の雰囲気が受け継がれているところに、この明祥ビルの面白さがある。

4－2　東京のど真ん中で古い商店をホテルに改造（東京都港区）

#終戦直後に建てた家　#もともとあった物をできるだけ残す　#外国人に大人気　#普通の日常な感じ　#オーセンティック　#東京が焼け野原になったなんて知らない

赤坂に残っていた小さな古い家

赤坂の繁華街の中に、２０１７年末、突如新しいスペース「TOKYO LITTLE HOUSE《トウキョウリトルハウス》」ができた。終戦後すぐに建てられた木造の飲食店兼民家をリノベーションし、１階をカフェとギャラリー、２階を１泊１組限定の中期滞在型ホテルにした。

オーナーは、編集などを仕事にする深澤晃平さんと妻の杉浦貴美子さん。２人は深澤さんの祖父が戦後建てたその家の２階を、10年ほど前から事務所兼住居にしていた。

赤坂の一等地に残っていた小さな店

2階は飲食店に貸してもいいのだが、何しろ古い。こういう古い建物は東京の中で残りにくく、赤坂にはもう数軒しかない。それをあえて残しながら、新しいことができないかと考えた結果が、この店だ。

もともと2人が住居兼事務所にしていた2階の部屋を中心に、ホテルに改造した。窓からは赤坂の目抜き通りである田町通りがすぐ見える。木枠のガラス窓を通して見る景色は、歓楽街とか大都会というより、戦後人がずっと暮らしてきた場所だという歴史を感じさせるから不思議だ。だから「暮らすように旅をする人たちの拠点にして、たくさんの人に、東京の過去と現在が交錯するような不思議なこの感覚を、味わってもらえたらいいな」と思ったのだという。

未来的でないからこそ未来

リノベーションにあたっては、もともとあった物をできるだけ残して、未来的な東京とは違う空間をつくろうとした。

解体予定だった土壁は、いざ壊し始めてみると、味がある。土壁の中から竹小舞《たけこまい》（土を固定するために竹を格子状に組んである）が現れると、これは残したほうがよいと考え直したりしながら、じっくり時間をかけて改修していった。

抜いた壁から出てきた土と藁スサ（土壁の中に入れる藁）を取っておいて別の場所で使うなど、もともとこの家を成り立たせていた材料をできるだけ使うようにもした。

たとえば本棚の背面扉は、雨戸の再利用。こたつの板は、床の間にあった棚板を2枚合わせたもの。文机や鏡台も、ずっと家にあったものだという。ガイシ（磁器製の電気配線部品）も装飾として残した。昔おばあちゃんがご飯を炊いたお釜は、なんとトイレのシンクになった！

日本の普通の木造の良さを感じられるホテル

ところで「TOKYO LITTLE HOUSE」という名前は、アメリカの絵本作家バートンの代表作『The Little House』（邦訳『ちいさいおうち』）から取った。小さな一軒家がある田舎町に建っていたが、次第にまわりが開発され、最後には大きな高層ビル群が建設され、人々が忙しそうに歩く大都会の中心になっていき、小さな家は見向きもされなくなった。

ところがある日、その家は、偶然通りかかった女性の先祖の生家だったことがわかる。彼女は大工に頼んで小さな家を田舎の丘の上に移築し、小さな家は再びのどかな生活に戻ることができた、という物語。その物語に、終戦後祖父が焼け野原に買った家をなぞらえた。それを「東京版」として読み替えたのだそうだ。

セレブな外国人客がみな5つ星を付ける

ホテルの客層は、ほぼ外国人だという。観光客もビジネス客もいる。面白いことに、ここに泊まらなければ1泊10万円もする高額なホテルに泊まるような人が多い。古い日本の家屋や文化に関心がある人がほとんど。クリエイティブな仕事をしている人が多い。

あるとき有名な海外アーティストが予約を入れてきた。しかしすでにその日はブッキング済みで、残念なことに宿泊できなかった。とにかくそれくらいの客層なのだ。

そういう外国人にとって、ここは「びっくりするほど評判がいい」と深澤さんは言う。Airbnb（エアビーアンドビー）の評価を見ても、30人すべてが5つ星だ！「つくられた日本らしさよりも、こういう普通の日常な感じの家のほうがオーセンティックだ」と言われるという。

こういうのをオーセンティックというのか？日本でオーセンティックというと、もっとセレブで高級なイメージの言葉として使われる気がするが。むしろ生活に根ざした伝統的な、

ギャラリー兼カフェでは東京の戦後をテーマに展示が行われている

というニュアンスなのか。

それに、このホテルも「つくられた」ものだし、現代的にアレンジされている。だが、深澤さんたちの古い小さな家と、そこでの暮らしに対する思いと、その思いによって再構成された過去が「日本らしさ」として感じてもらえるのだろう。

戦後すぐにできたということを生かして、ギャラリーでは米軍に占領された時代の写真や地図を壁に貼り、当時について書かれた本も置いてある。焼け跡になった東京の写真を見て、外国人は、広島や長崎に原爆が投下されたことは知っていたが、東京がこんな焼け野原になっていたなんて全然知らなかったと、驚くという。

私は定休日に取材に伺ったが、取材している間も、ここは何ですか、カフェですか、と訪ねてくる外国人客や日本人の若い女性が引きも切らない。大都会の真ん中だからこそ、こういう何気ない「しもた屋」が価値を持つ。爆買い観光客向けの開発だけが、インバウンド対策ではないのだ。

4―3　街全体をホテルに変える（東京都谷中）

＃リノベ　＃ゲストハウス　＃ファスト風土　＃街全体がホテル　＃シェアタウン
＃古民家　＃仕事をつくる　＃小さな経済圏　＃地元の人の能力を活用

古いアパートをリノベーション

谷中というと雑誌「谷根千」の活動が昔から有名である。しかし今、若い建築家の宮崎晃吉さんが新しい活動を次々と展開している。

まず２０１３年、彼は古いアパート萩荘を、オーナーと出資金を出し合ってリノベーションし、自分の設計事務所、カフェ、貸しギャラリーが入ったHAGISOとして開業した。さらに15年にはHAGISO近くの、やはり古いアパートをリノベーションしたホテルhanare（はなれ）をつくった。HAGISOではチェックイン業務を行うとともに、宿泊者の希望に添

HAGISO

hanare

hanareへのチェックインは、HAGISOのこのカウンターで行う

った街情報、店情報を提供する。朝食はHAGISOのカフェでとる。街情報として、古い日本家屋でのイベントや、尺八を自分でつくって演奏するワークショップなどを紹介する。夕食には希望に合いそうな所を紹介する。宿泊費には、近くの銭湯に入れるチケットが付いている。ただ宿泊するだけでなく、街をたくさん歩いてもらい、街の魅力、日本の魅力を体感してもらうのだ。5室だけだが稼働率は8割を超え、外国人客が8割だという。

つまり、古いアパートを壊したり、建て替えたりするのではなく、リノベーションをして、それらをつなぎあわせ、街全体をホテルに見立ててシェアする仕組みをつくったのである。こういう活動を、宮崎さんは「まちやど」と呼び、一般社団法人日本まちやど協会も設立した。今は函館市や北九州市小倉区などの地域が参加している。

もともと宮崎さんは、磯崎新アトリエで働いており、中国に巨大な建築をつくる仕事をしていた。

宮崎さんは群馬県の前橋市の出身であり、前橋の風景がどんどんファスト風土化していることに違和感を覚えていた。それなのに、高度成長期の中国で、郊外化をドンドン進めて巨大なショッピングセンターなどをつくる仕事に疑問も感じた。そういう背景があったため、東京の谷中のような古い街で、古い建物を改修しながら新しい意味を付与していく仕事は、彼に魅力を感じさせていた。

２０１７年には、古民家を改修して、TAYORIというカフェをつくった。名前は「お便り」から来ている。お客と、店がつくるお惣菜やお弁当、たくさんの食材をつくっている生産者とが、手紙を交わすようにつながってゆく関係をつくる場になってほしいという思いを

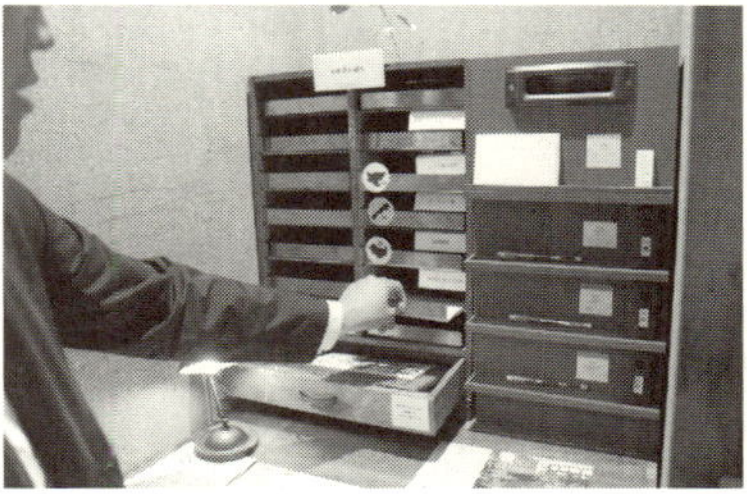

TAYORIではお客と生産者が手紙を交わす

KLASSでは地元の人が講師を務める

込めたという。料理人はHAGISOのカフェから独立した人たちだ。

実際に、食事が美味しかったとお客が生産者に手紙を書き、それに返事が来たり、生産者の仲間がお客の友人だったことがわかったり、というまるでジブリアニメに出てきそうなストーリーもあるという。

地域の中に眠っている能力を発掘

宮崎さんの設計事務所は、今はHAGISOを出て、千駄木の古いビルの中にある。面積が広いので半分をカルチャー教室「KLASS」にした。単に有名講師を呼ぶ教室への場所貸しではなく、フェイスブックとチラシで講師になりたい人を地域から募り、その人と宮崎さん側が共同で集客活動をする。

この方法で、開業当初は17の講座がスタート。第2期は25講座に増えた。キッチンも付いているので、料理関係の講座も可能。実際の講座の内容は、料理関係のほか、クロッキー、ゆかたの着方、裁縫、造形、音楽など多彩。講師の8割は女性だという。

宮崎さんとしても「街に眠っているセミプロ的なタレントを呼び起こすことで、新しいネットワークができ、自分の仕事にも生かせる。主婦の潜在力はすごい。複業（主たる職業に対する副業ではなく、同じウエイトで複数の職業を持つ）をしている人も多い。その能力をキャリアアップにもつなげたい」という。

このように、古い家、古いビル、眠っている能力など、さまざまな資源を活用し、シェアするライフスタイルがどんどん広がっている。

4-4 すたれた郊外商店街に「縁側空間」をつくる（埼玉県飯能市）

#縁側　#コワーキング　#仕事をつくる　#母親が集まる　#地域の素材を使う　#リノベ

隅田川は入間川だった

埼玉県の飯能は、歴史のある、良い街である。江戸時代以来、入間川上流から江戸までの材木の流通の拠点でもあった。特に日清、日露戦争や関東大震災で木材の需要が急増すると、大きく栄えた。

材木で筏《いかだ》を組み、上流から飯能まで下って来る。すると、川幅が広がるので、それまで2本の木で組んでいた筏を4本あるいは8本に組み直す。

筏はその後、川越などを経て5日間かけて千住、そして木場に着く。江戸まで行った職人は歩いて帰ったそうだが、門前仲町の辰巳芸者と遊んでから帰ったに違いない。

　このように、秩父の山奥と江戸の中心は川で結ばれていたのだ。江戸時代の地図を見ると、隅田川が入間川と書かれているものがあるほどだ。入間川による物流は、鉄道が発展するまで続いたのである。

　そもそも江戸の語源である武蔵国の江戸さんは、秩父平さんの子孫である。詳しい歴史を私は知らないが、江戸時代以前の関東は、秩父方面がひとつの大きな中心だったのだ。

　また飯能は、明治以降は織物取引で栄えた。全盛期、商人たちは夜ごと酒宴を楽しんだ。そのため遊郭があり、芸者が数十人いて、関東随一の規模と言われた。今も料亭やうなぎ屋があり、スナックも数軒あって、往時を偲ばせている。

伝統の木材で街を活性化

　だが飯能の市街地は、ご多聞に漏れず衰退している。空き店舗も多い。

　そこで、地元の駿河台大学と飯能信用金庫の主催で、地域資源を活用した実現性のあるプランやユニークなアイデアを市民、学生、団体などから募集する、第11回「輝け！飯能プランニングコンテスト」が行われ、２０１８年1月20日、審査結果が発表された。

一般部門最優秀賞には、同市岩沢在住の森田啓介さんが提案した「はんのう手作り市―ものづくりで地域活性―」が選ばれた。

森田さんのプラン「はんのう手作り市―ものづくりで地域活性―」は、「ものづくりと地域をつなぐ機会を作り、地域活性化を図る」ものであり、飯能銀座商店街の空き店舗・空き地を活用して、ものづくりをテーマとした手作り市を開催、これをきっかけに空き店舗を活用して、また飯能に集まる作り手と、飯能方面の伝統的木材である「西川材」とのマッチングを進めていき、西川材の作品などを消費者へ届ける仕組みをつくるという提案だった。

そのために、商品を展示販売するにあたって一時的に空き店舗を借りる「空き店舗レンタルシステム」をつくる。最終的には誰もが空き店舗を利用できる「空き店舗活用窓口」の設立を目指すというものだ。

たまたま、この森田さんと私は面識があったので、森田さんに飯能の新しい動きを紹介してもらうべく、飯能に向かった。私が飯能に行くのは3度目である。

「AKAI Factory」は工場跡をクリエイターのシェアアトリエに変えたもの

クリエイターが飯能に集まっていた

まず向かったのは、西武池袋線飯能駅から数分のところにある「AKAI Factory」だ。２０１３年春、約70年間この場所で製造業を営んできた赤井製作所が移転したため、昭和の薫りを色濃く残す風情ある木造の工場を、クリエイターの集まるシェアアトリエとして、16年に生まれ変わらせたものだ。

名前に「Factory」と付けた理由は、戦前から続く日本のものづくりの心を忘れないため。もうひとつは、芸術家アンディ・ウォーホルがつくったアートの実験場「The Factory」のような創造性あふれる場所にしていきたい、という思いを込めたという（AKAI Factory ホームページより、代表・赤井恒平さんの言葉）。

アトリエ内では、数名のクリエイターが彫金を行ったり、アクセサリー、和紙作品、布作品などをつくっており、カフェ「モクモクコーヒー」もある。ここでは、自家焙煎コーヒーを使ったハンドドリップコーヒー、食材にこだわった軽食やスイーツを提供する。また、アトリエで制作を行うクリエイターの作品や雑貨などを販売している。

元町工場というと、工場地帯にあるものと誤解されるかもしれないが、周辺は静かな住宅地であり、かわいいお店もあるし、リノベをしてカフェや雑貨屋にしたら良さそうな物件も少なくない。

商店街の空き店舗にコワーキングスペース

次に向かったのは、「110noco アカデミー（いとのこアカデミー）」。糸のこの技術を「楽しく」「効率的に」身につけ、生涯収入を得られる職人・作家を育成し、また愛好家を増やし、未来の職人・作家の卵を発掘する場だ。TOYクリエイターである野出正和さんが主宰する。

飯能銀座には、空き店舗をリノベーションしたコミュニティスペース「Bookmark（ブックマーク）」がある。２０１７年4月に開業した。

「Bookmark」のプロジェクトメンバーである赤井恒平さんは、先ほどの「AKAI Factory」の代表。店舗のオーナーから「若い人たちが集まってくるような場所にしてほしい」と頼まれた。そこで、飯能出身・在住のメンバー5人が集まって、このスペースをつくったのだという。

「Bookmark」は、先ほどの野出さんによる、小さい子供が木の玩具で遊べる「木育スペース」、飯能を拠点に活躍する作家の作品や天然酵母パンなどのショップ、コワーキングスペースを併設している。ヨガや陶芸などの教室、各種ワークショップ、ミニシアターなどとしても使う。

赤井さんは「出産・育児で職を離れなくてはならないお母さんの中には、生活が落ち着いたら〝また働きたい〟と思っている人がいる。そこで、働きたいお母さんとコワーキングを掛け合わせることで、仕事を生み出すことを目指したい。また、若い人たちがチャレンジする場というのも含めて、今後この場所に集まる人と人とのつながりから、その人の生活スタ

イルに合った働き方につなげていき、地域の活性化になれば」と話している（文化新聞BUNKA ONLINE NEWS参照）。

これからのまちづくり、特に郊外のまちづくりには、女性、とりわけ子育て期の女性が、働く場所、働くことで社会とつながれ、自分を表現できる場所をつくることが非常に重要である。そういう場所が飯能の商店街にできているとは正直言って驚いたし、たのもしく感じた。

「縁側」的な建築事務所

また、「Bookmark」の設計は、同じ飯能銀座商店街に面した「オープンサイト建築設

空き店舗を縁側風にリノベした「オープンサイト建築設計事務所」

計事務所」の双木《なみき》洋介さんが行った。双木さんは飯能出身。東京の建築アトリエに勤めた後、飯能に戻った。

「オープンサイト建築設計事務所」は、空き店舗を借りて設計事務所として開いた。間口６mの空き店舗をセルフビルドで改修し、２０１４年に開業。道の延長として誰でも気軽に立ち寄れる風通しのよいオープンな場所を目指して名付けたという。

事務所が商店街の道に対して広い「縁側」として機能するよう、床を一段浮かせて、腰かけられるようにしている。「腰かける」という行為を通じて、室内と通りの境界を緩やかにつなぐのが狙いだ。

年２回のお祭りの際には、事務所の縁側を

全面開放したり、朗読劇やライブなどイベントを定期的に開催したり、場所としての多様な使い方も模索しつつ、自由な発想で建築や街について考える実践の場になっていけたらという。

4－5　改造アパートからコミュニティをつくる（横浜市神奈川区）

＃廃墟　＃相続　＃壊さずに再生する　＃住み続ける　＃隣人とつながる　＃屋台　＃一緒に農作業　＃ソーシャルアパート

神奈川の歴史の重要な場所

みなと横浜と言えば、幕末以来の開港の地であり、西洋文明の入口。横浜市の中心だが、そもそもアメリカが最初に開港を望んだときは、横浜港は存在しない。神奈川湊が希望だった。

しかし、神奈川湊は東海道の神奈川宿に隣接しており、そこにアメリカの軍隊が来ると、住民とのトラブルが起きたり、いざというとき一気に江戸まで攻め寄せてくるかもしれない。そういう懸念があったので、神奈川湊より江戸から遠く、人口が密集する神奈川宿からも少し離れた横浜村に、新たに港を開いたのだそうだ。

だから、神奈川区こそが本来の横浜市の中心であるという意識が、古くからの神奈川区民にはあるようだ。

神奈川区の中でも特にその中心は、現在の京浜急行神奈川駅の西側の丘の上にある旧・青木城址《じようし》、現在の高島台、かつての北条家臣の拠点である。標高は40mあり、現在は、横浜港から彼方に東京湾、西には富士山を望むことができる。そこには本覚寺があり、幕末に最初の米国領事館が置かれたという。

しぇあひるずヨコハマができるまで

この歴史的な土地に、ソーシャルアパートを名乗る「しぇあひるずヨコハマ」がある。

これは、築60年のコンクリートブロック造りのアパート、築54年の鉄筋コンクリート造りのアパートの2棟を同時にリノベーションしたものであり、同じ敷地に建つ母屋の木造1棟を加え、「海-UMI-」「空-SORA-」「陸-RIKU-」と名付けられたアパートに、17名が暮らしている。運営は「株式会社ここくらす」が行う。

ここくらすの代表の荒井聖輝さんは34歳。母方の曾祖父が戦後、先の本覚寺から８４０㎡の土地を借り受け、まず自宅を１９５３年に、現在「海-UMI-」と名付けられたアパートを１９５８年にかけて建てた。建物が中庭を囲むように建てられていた。アパートは台所・トイレ付きの6畳1間、風呂共同で、直近でも家賃月３万円ほどの格安物件だった。

最初は、自宅に曾祖父と祖父母と母親らの家族が住んだ。荒井さん自身は14歳のときからこの地に移り住み、今は荒井さんに子供ができたので、曾祖父から5代が住んでいることになる。

また、アパートができたのは冷戦時代が始まった頃だから、米ソの対立が激しかった。だから、ソ連人に部屋を貸す人は珍しかったが、このアパートにはご主人がソ連人の家族が住んでいたという。ここで育ったソ連人（今はロシア人）のご主人と日本人の奥様が、リノベーションの竣工時に訪ねてきたが、自分の住んでいた家をキレイに直してくれたと涙を流して喜んだという。

他には絵描きさんなど、アーティストも多かったようだ。神奈川港周辺の喧騒を逃れて静かに創作活動に勤しめるからだろうか。

リノベーションで家族と地域がつながる

　だが、アパートは竣工後一度も修繕されなかった。古くなってくると設備が老朽化し、次第に空き室が増えた。築50年を過ぎた頃には、借りて住んでいるのは中国人の一家族だけになった。家賃は払っているが、いつもは住んでいない人も多く、ほとんど荷物置き場かゴミ屋敷のようになってしまった部屋もあった。

　また、荒井さんに長女が誕生した直後の２０１３年、家族に次々と入院や介護に関わる問題が浮上し、子育てや仕事との両立にも苦労した。地域とのつながりがなく、助け合えない社会という現実に直面した。そのため、家族みんなが一緒に生涯住み続け、地域とつながりあうことの大事さを知った。

　そして、母方の祖父が亡くなり、老朽化した建物の相続が発生した。土地はもともと借地のため、売却することも担保にすることもできない。だが、老朽化したコンクリートのアパート2棟は、壊すだけで１０００万円以上かかる。その上、広い道路に接していないために、壊しても建物を新たに建てることもできない。なんとか壊さずに再生する方法を、荒井さんは模索した。最終的に、リノベーションして貸し出すしかない、という結論に至った。

計画を立案するにあたっては、リノベーション・スクールにも通った。

リノベーション・スクールの聖地、北九州でのスクールに参加し、家単体だけでなく地域全体を再生する思想を学んだ。それが「しぇあひるずヨコハマ」にも生きている。

リノベーション資金は、クラウドファンディングを利用し、地元の銀行からも借りた。銀行の人は、これがきっかけで新しいビジネスに目覚めたのか、銀行をやめてしまった。

リノベーションをするに先立ち、荒井さんはアパートを素材にして多くのイベントを開催した。

友人を招いて屋上でバーベキューをしたり、子供たちも含めたみんなで、壁にペインティングをするイベントもした。せっかく、というのもおかしいが、廃墟のようになっているのだから、大学生を集めて廃墟の空間でのハロウィーン・パーティをしたりもした。そういうイベントで集まった人たちに、アパートの屋上から景色を眺めてもらった。多いときは70人もの人が集まり、町内会からも若い人が集まってきて、うれしいと言われた。

そうやって、今まで来たことのないこの丘の上に、たくさんの人たちが来てくれて、この土地の価値を知ってくれるということが重要だった。

各種のイベントで交流を促進。郊外の不動産価値も上げる

こうして2017年4月、共同キッチンを備えたソーシャルアパート2棟のリノベーションが完成した。ここには、地域と積極的に関わりたいという人に住んでもらうようにした。

また、近隣の人たちと一緒に楽しめるようなイベントを、しぇあひるずの住人自身が企画するようにした。中庭には菜園をつくり、地域の人やNPOのグループが「畑部」を結成して、一緒に農作業ができるようにもした。

住人ではないが、仲間が屋台を出したり、中古のキャンピングカーを庭に置いてアウトドアのイベントをしたりして、中庭を盛り上げている。

さらに、しぇあひるずに隣接する家に住んでいた人が家を手放し、別の家が建つことになったが、そこには、しぇあひるずの活動とつながることに価値を置く人に住んでもらおうと考えている。だから、家を販売する不動産業者にも、ここに住めばしぇあひるずの活動に参加できることを積極的に宣伝材料にしてもらっている。

一般的には、急な坂の上で不便な物件だが、むしろしぇあひるずとのつながりによって、

中庭でのイベントの様子。右側がアパート

屋台のカフェもしばしば登場する

キッチンを使ってパーティをしたり、中庭でイベントを開いたり、菜園で野菜をつくったり、屋上から絶景を堪能できる。それにより新しい家の不動産価値が上がるのではないかと、荒井さんも不動産業者側も考えているのだ。

郊外住宅地の高齢化、空き家増加が問題化しているが、こうした新しい取り組みによって、住宅地のコミュニケーションが活性化し、住宅地がもっと公共的な場所となり、ひいては不動産の価値が上がることも期待できるだろう。

４―６　空き店舗から街をつなぐ（横浜市西区）

＃商店街　＃空き店舗　＃事務所兼キッチン　＃シェア　＃週末だけお店　＃山づくり

シェアキッチン、シェアハウス

横浜で主に活動する建築家の永田賢一郎さんは、最近、横浜市西区の藤棚一番街商店街の空き店舗をリノベーションして、自分の事務所とシェアキッチン、コミュニティスペースなどを兼ねた「藤棚デパートメント」をオープンした。

シェアキッチンは、店長の日替わりの飲食店だけでなく、料理教室なども開ける。事務所の横には食やエコロジーなどについてのセレクトショップ、ライブラリーがあり、歩道に面したガラス張りの場所は、料理を食べる場所としてだけでなく、地域のコミュニティスペー

「藤棚デパートメント」（上）と「藤棚アパートメント」（下）

スとして使える。

コミュニティスペースは、「自分の得意なコトを教えたい！」という人がワークショップなどを行う。みんなの「やりたい！」を実践する場所である。買い物ついでにふらっと立ち寄れる場所で、自分のやりたいことができるのだ。

スペースだけなら6時間5000円から、スペースとシェアキッチンを併せると6時間7000円から借りることができる。週1回特定の曜日だけ使っても2万4000円というから、お店は持ちたいがまだ資金がないといった人や、「週末だけお店をやってみたい！」という人にはありがたい場所だ。

ここでの活動から始まって起業をしたり、自分の店を持てるようになったり、さらには新しい活動を広げていく人がたくさん生まれればいいなと、永田さんは考えている。こうした主旨があったため、リノベーションの資金は信用金庫が融資してくれたという。

道路を隔てた反対側には「藤棚アパートメント」がある。古い風呂なし木造賃貸アパートを永田さんがリノベーションしたもので、シェアハウスにして永田さん夫婦も住んでいる。木賃アパートとはいえ、庭があり、大きなガラス張りの共用スペースからはたくさんの緑が見える。まるでリゾート地のようですらあり、とても豊かな空間だ。これが元風呂なしアパートだとは誰も思うまい。

「まちづくり」ならぬ「山づくり」

永田さんの元の事務所は、藤棚から野毛山の西の麓をずっと南下したところにある、歓楽街・黄金町の元ストリップ小屋にあった。友人などとシェアオフィスとして借りていたのである。しかし永田さんは事務所を移転したので、今はそこは、作業をするためのシェアアトリエとして使っている。

野毛山周辺には、東ヶ丘に前述（144ページ）の「CASACO（カサコ）」という、やはりコミュニティスペースとゲストハウスとして使われている場所がある。永田さんと同じ横浜国大出身の建築家集団 tomito がつくったものだ（拙著『東京郊外の生存競争が始まった！』参照）。

また野毛山の北東、京浜急行で黄金町から4駅東京寄りの神奈川駅近くには、前述の「しぇあひるずヨコハマ」がある（4－5）。

永田さんは、野毛山を中心としてこうしたコミュニティに開かれた場所ができてきたことに、地域の可能性を感じている。「まちづくり」ならぬ「山づくり」をしたいと、張り切っている。

最後の分析　あとがきにかえて

社会学者の見田宗介《みたむねすけ》は戦後日本社会を、理想の時代、夢の時代、虚構の時代という3段階に分けた。敗戦からの15年が理想の時代、次の15年の高度成長期が夢の時代、その後の15年の高度消費社会が虚構の時代である。

「第四の消費社会」の論に従うと、第二の消費社会が理想と夢の時代、第三の消費社会の前半が虚構の時代である。

だが、虚構の時代の後がはっきりと語られていない。見田自身はバーチャルの時代だと言うが、それでは少し納得がいかない。だから多くの人が、その後の時代を「不可能性の時代」だとか、「動物化の時代」などと名付けてきた。

私は、現代は「魔法の時代」であり、それに対して、魔法への反動として、生活の実感、生きる実感、リアルを求める時代なのだと考える。現代が、リアルを求める時代であるということについては、見田宗介もそのように考えている(見田宗介『現代社会はどこに向かうか』などを参照)。

少し詳しく書く。

理想の時代、夢の時代、虚構の時代という3段階は、それぞれの前の時代へのアンチテーゼとして現れていると考えられる。そして、理想も夢も虚構もそれぞれの時代の「憧れ」を表している。

理想の時代はいわば政治の時代である。理想の時代を象徴するのは1947年から施行された日本国憲法である。封建主義、軍国主義から解放されて個人の自由を認める民主主義という政治思想が理想になったのである。

しかし、政治的な理想だけでは食っていけない。当時の日本はまだ貧しかった。経済成長と生活水準の向上が必要だった。

だから、夢の時代は経済成長の時代でなければならなかった。それは、成長の基礎となる産業技術の時代でもあった。夢の時代の象徴は「夢の超特急」(1964年に開業した当時世界最速の鉄道、東海道新幹線ひかり号のキャッチフレーズ)である。

虚構の時代は消費の時代である。夢の時代が産業技術の発展による生産の時代であり、画一的な生産労働からもたらされる疎外感に大衆がさいなまれた時代でもあったのに対して、消費は個人それぞれのつややかな感性を解放するという意味を持った。まだ20代の若者だった戦後生まれの団塊世代が、感性の解放の時代を担った。

また、工業生産による環境破壊に対して、感覚的に美しい（モーレツからビューティフルへ）、ある意味で官能的なものが求められたのが虚構の時代だったとも言える。

虚構の消費の時代の象徴は、一般的には渋谷パルコ（1973年開業）だと言われる。当事者であった私としてはそうかなと思う面もあるが、図式的にはそれが便利だ。たしかにパルコはきわめて虚構的で感性的な広告で一世を風靡し、理想も夢も失われた、ある意味ニヒリズム的な時代を代表していた。

しかし、消費の時代としての虚構の時代は、バブル（それ自体が虚構だ！）の崩壊とともに終わり始めた。

オウム真理教の信者たちには、虚構の消費の時代への違和感があったという説もある。虚構に違和感を持った若者が、リアルを求めて宗教に向かった。だがもちろん、宗教も虚構である。

オウムはまさにバブル時代に台頭し、１９９５年に地下鉄サリン事件を起こした。阪神・淡路大震災も起こった。97年の山一證券と北海道拓殖銀行の破綻などの金融危機によって、消費の時代としての虚構の時代は決定的に終わる。

そして98年、私の記憶では街の風景ががらっと変わった。消費を否定する時代が始まったのだ。

消費をしないということではない。消費が生活の大きな目的ではなくなったということであり、消費をすることで幸福になる、階層上昇した気分になる、中流階級らしくなる、上流階級に近づく、といった社会的な共通理念の崩壊が起こった、ということである。それが下流社会化の一面であり、第四の消費社会の萌芽でもあった。

下流社会化は、民主主義という理想も経済成長という夢も消費の快楽も衰退した時代の心理傾向である。だからか、パルコなどの都会的なファッション産業の売れ行きも落ちた。その代わり、郊外のショッピングモールが台頭した。ただし、モールには虚構性はあったが、感性の解放があったとは思えない。

バーチャル時代はモノに対するアンチテーゼ

見田の言うように、虚構の時代の次がバーチャル（仮想）の時代だとすれば、それは本書で言う「魔法」とほぼ同義であろう。

バーチャルの時代を象徴するのは1995年のウィンドウズ95の発売だろうか。あるいは94年のプレイステーションの発売か。それとも、2008年のiPhoneの発売か。それはともかく、ではバーチャルの時代は、虚構の時代の何に対してアンチテーゼを示したのか。それはあえて言えば、資源の浪費に対してである。モノに対するアンチテーゼだとも言える。

虚構の時代は消費の時代であり、そうであるかぎりにおいてモノの時代であり、それが好景気によってモノの浪費、資源の浪費につながった。だが、バーチャルの時代は情報化の時代であり、デジタル化とITの時代である。これによって、物体として大きなモノを消費しなくてもよくなったという面があることが、バーチャルの時代が虚構の時代に対して何らかのアンチテーゼを示している、と言えなくもないからである。

大きなテレビもステレオもゲーム機も、小さく薄いスマホの中に入り、スマホでコミュニケーションをする若者はリアルに外出することが減ったために、クルマの消費も減った。

実際、国土交通省の「パーソントリップ調査」によると、20代男性の休日の外出移動回数は、1987年から2015年で1日平均2・31回から1・24回に半減し、70代の移動回数を下回るまで減少したという。

このようにバーチャルの時代においては、非モノの消費が主流となる。スマホの中のゲームやインスタ映えしたリア充なシーンの写真などが消費される。しかもスマホの通信にはその都度お金を払っていないので、消費をしているという自覚がない。

もちろん、インスタ映えやリア充なシーンには、魅力的なモノがしばしば必要である。だがそこでは、モノ自体を所有すること、消費することが目的ではなく、他者とのコミュニケーションが目的であり、モノはそのための手段であると言える。

また、メルカリのようなフリマアプリの登場によって、バーチャルがリアルなモノの消費を促進する傾向も顕著になってきた。

だが、メルカリにおける取引の大多数は使用済みのモノであり、モノのリサイクルが主である。新たなモノの消費を拡大しているわけではない。むしろモノを修理して出品する人が増えているため、修理業者の売上げが増えたという。

かつメルカリにおける取引では、売買する人間同士での値引き交渉自体をコミュニケーションとして楽しむ傾向もあり、その意味ではメルカリは、人と人とのコミュニケーションを楽しむメディアでもある。

このようにＩＴを駆使したアプリであっても、リサイクル、リユース、コミュニケーションといった第四の消費社会的な性格を持つことで、人々に支持されるのである。

リアルな生の実感を欲する「再・生活化」の時代

このように、現代はたしかにバーチャルの時代である。バーチャルはすでに憧れではなく、むしろ抗うことのできない現実である。

だが、そこでは、人間の生は、まるでニーチェの描く末人《まつじん》（日常的な小さな快楽を求めるだけで大きな理想を追わない人）のように縮小しているようにも見える。放っておくと、われわれは一日中動かず、パソコンの前で働き、スマホを見つめて暮らすだけである。空港でも会社でも街中でも、われわれの姿形はデジタル情報として把捉されている。

だからこそ、バーチャル（魔法）に対してリアル（生命・生活・生き物として生きること）を取り戻すことが求められる。昔ながらの生活が輝かしいものに見え始める。バーチャル化した現実の中で、アンチテーゼとしてリアルな生の実感に憧れる「再・生活化」の時代なのである。

もちろん、すべての人がリアルに憧れているようには見えない。しかし、少なからぬ人がリアルを求め、かつ単にリアルを消費するだけでなく、リアルを生産する側に回っている。それが、本書が取り上げた事例に共通する傾向であろう。

生の実感は、知的活動よりも身体的活動によって得られやすい。スポーツや肉体労働、できれば農業のように自然とふれあう肉体労働をすることが、生のトータルな実感に結びつきやすい。室内プールで泳ぐよりは海で泳いだほうがよいし、スポーツジムで走るよりは自然の中で走ったほうがいいだろう。

実際、そうした活動をする人が増えている。アウトドア活動も人気である。スポーツ観戦が人気なのも、リアルな身体性に感動を求める心理の現れであろう。

だが、リアルを求める活動は、現代では「趣味」として行われることがほとんどである。音楽をデジタルではなく、あえてLPレコードで聴く人が増えているのも、身体的リアリティ志向の趣味であろう。自動車をマニュアルで運転するのは今や趣味である。料理も趣味である。いずれ手書きで文字を書くことも、あえて趣味として行われるようになるに違いない。

性の希薄化

他方で、非常にバーチャル時代的な傾向だと思われるのは、性に対して無関心な人が特に若い世代で増えているという最近の現象である。

性というのは最も身体的なリアルな行為であり、精神的にもリアルな満足感をもたらしうるものであるはずだが、それを求めない若い世代が増えている。バーチャルな時代と均衡を取るためにリアルを求め、特に身体的なリアリティを求めている時代なのに、性に対しては実に億劫になっているのだ。

これはもちろん、性をバーチャル映像の中で見ることが容易になったことが一因であろう。実際、文字通りVR（バーチャルリアリティ）を使ったポルノ動画が実現している。

また現代では、性が各種の心理的な葛藤を人にもたらすからであろう。たとえば男女平等の観点から、男性から女性へのあからさまな性の要求は、反社会的なものとして禁じられる。

あるいは、弱い女性は好きだが、強い女性は好きではない、という一般的な男性心理があるにもかかわらず、女性がどんどん社会的、経済的に階層上昇していき、しばしば男性を追い抜いていることが、男性を萎縮させるという理由もある。

逆にポジティブに考えれば、男女ともに、男として、女としてではなく、人間としてフランクに付き合えるようになったために、男女間にかえって性愛の感情が芽生えにくくなったとも言える。シェアハウスに男女複数が同居することが珍しくないのも、そのためであろう。

第四の消費社会は、他者とのつながりをつくることに人々が熱心な社会であるが、たしかに男女間の恋愛や性行動が盛んな時代だったら、そうしたつながりづくりはうまく行かないだろう。男女が中性化し、リアルな性が希薄化した現代だからこそ、第四の消費社会が成り立ちやすいとも言えるかもしれない。

いずれにせよ、現代の性は、個人的でリアルなもの、あるいは生物的なものというより、社会的に何重にも制約されたものになっている。そのことが、リアルを求める時代であるにもかかわらず、若い人々から性を遠ざけるのであろう。

だからこそ、性とは別の肉体的リアリティであり、かつ美的でもあるスポーツが、ますます現代人の欲望を満たす。また本書で紹介したように、若い女性がストリップを見ることにはまったり、廃墟化した遊郭を巡り歩いたり、昭和的なエロスを描いたりするのも、性のリアリティを実感したいという心理だとも言える。

男性が外を出歩かなくなり、性風俗への関心も減り、テレビゲームなどに耽溺《たんでき》しがちなのに対して、女性はデジタル、バーチャルには満足できない人が多いように思う。

本書の事例に女性が多いのも、同じことをしても女性がしたほうが珍しいから、という理由もあるが、そもそも女性のほうが今はリアルを強く求めて行動しているからではないかと思われる。


なお、念のために書いておくと、理想の時代から再・生活化の時代までのそれぞれの時代の性格は、今の社会の中に積層して存在している。

特に、経済成長と技術発展の時代としての夢の時代の性格は、今の社会の根底にもあるし、虚構の消費の時代の性格も、特定の世代を中心に強く残っているだろう。

また、護憲派の活動などを見ればわかるように、理想の時代の性格も残っている。

そのように、各時代の性格が地層のように重なって現代があると考えてほしい。

中国の状況

最後にもうひとつ、蛇足だが書いておく。

『第四の消費』は2014年に中国で翻訳出版されたが、2017年頃から売れ行きが飛躍的によくなったらしく、中国人ビジネスマンに向けての講演会を、2017年秋から10回ほど頼まれた。上海にも2度行き、講演をした。これにはインターネット通販大手の「京東」など企業向けの講演会も含まれる。

実際のところ、『第四の消費』の内容が中国で十分に理解されているとは私には思えない。ネット通販が急速に成長し、小売業のリアル店舗が売れなくなっている現状で、新しい消費の動きを知りたいというニーズが急拡大しただけであろうと思う。

ただし、東京と同じように20世紀初頭から近代都市として発展した上海の今の様子を見ると、すでに日本と同じような状況が生まれているのかなとも思う。単にショッピングセンターに集まってモノを買うのが楽しいという雰囲気は街から感じられない。むしろ日本と同様、横丁的な場所が人気だったり、無印良品が人気だったり、シェアサイクルが普及したりと、第四の消費的な生活が拡大しているようにも感じられた。

また、一人っ子政策が続いた中国は、将来的には急速な高齢化が予測される。2045年以降は今の日本と同じように、人口の25％が65歳以上になるという。大都市部では、高齢化はもっと速く進む。そのときには、物質的な豊かさだけを追求する価値観ではない、新しい価値観が中国にも広がるだろう。

『第四の消費』が売れるのは、中国でもそうしたことを無意識に予見している人が多いからではないかと私は思っている。今は強欲資本主義のようにすら見える中国だが、孔子と老子と荘子の国なのだから、少し枯れた感じの生活態度も近々現れてくるだろう。

本書はインターネットニュースメディアの「ホームズプレス」（ライフル）、「ビジネスジャーナル」（サイゾー）、「東洋経済オンライン」（東洋経済新報社）、および東京商工会議所発行の「東商新聞 NEWS&OPINIONS」に、２０１７年以降に連載した記事に加筆・修正してまとめたものである。

三浦展（みうらあつし）

1958年新潟県生まれ。社会デザイン研究者。'82年一橋大学社会学部卒業。（株）パルコ入社。マーケティング情報誌「アクロス」編集室勤務。'86年同誌編集長。'90年三菱総合研究所入社。'99年カルチャースタディーズ研究所設立。消費社会、家族、若者、階層、都市などの研究を踏まえ、新しい時代を予測し、社会デザインを提案している。著書に『下流社会』『東京は郊外から消えていく！』『日本人はこれから何を買うのか？』『日本の地価が3分の1になる！』『毎日同じ服を着るのがおしゃれな時代』『東京郊外の生存競争が始まった！』（以上、光文社新書）、『第四の消費』『「家族」と「幸福」の戦後史』『ファスト風土化する日本』『人間の居る場所』『中高年シングルが日本を動かす』『東京田園モダン』『新東京風景論』『横丁の引力』、『奇跡の団地　阿佐ヶ谷住宅』（編著）など多数。

100万円《まんえん》で家《いえ》を買《か》い、週《しゅう》3日《みっか》働《はたら》く

2018年10月30日初版1刷発行

著　者 ── 三浦　展
発行者 ── 田邉浩司
装　幀 ── アラン・チャン
印刷所 ── 萩原印刷
製本所 ── ナショナル製本
発行所 ── 株式会社光文社
東京都文京区音羽1-16-6（〒112-8011）
https://www.kobunsha.com/
電　話 ── 編集部03（5395）8289　書籍販売部03（5395）8116
業務部03（5395）8125
メール ── sinsyo@kobunsha.com

ISBN 978-4-334-04376-6

968
図解 宇宙のかたち
「大規模構造」を読む
松原隆彦
私たちが住んでいる宇宙とは、一体いかなる存在なのか。宇宙の大規模構造を探ることは、宇宙の起源に迫ることに直結している。実証的アプローチで迫る、宇宙138億年の真実。
978-4-334-04374-2

969
秘蔵カラー写真で味わう60年前の東京・日本
J・ウォーリー・ヒギンズ
アメリカ出身、日本をこよなく愛する「撮り鉄」が、当時は超贅沢だったカラーフィルムでつぶさに記録した昭和30年代の東京&日本各地の人々と風景。厳選382枚を一挙公開。
978-4-334-04375-9

970
100万円で家を買い、週3日働く
三浦展
家賃月1万円で離島で豊かに暮らす／狩猟採集で毎月の食費1500円……。お金をかけずに、豊かで幸せな生活を実践する人々の事例を「再・生活化」をキーワードに紹介。
978-4-334-04376-6

971
ルポ 不法移民とトランプの闘い
1100万人が潜む見えないアメリカ
田原徳容
トランプ就任以降、移民への締め付けを強めるアメリカ。それでもなお、様々な事情で「壁」を越えてやってくる人々がいる。排除と受容の狭間で揺れる「移民の国」を徹底取材。
978-4-334-04377-3

972
パパ活の社会学
援助交際、愛人契約と何が違う？
坂爪真吾
女性が年上の男性とデートをし、見返りに金銭的な援助を受ける「パパ活」が広がりを見せている。既存の制度や規範の縛りから自由になった世界の「生の人間関係」の現実とは？
978-4-334-04378-0